BULLETIN OFFICIEL
DU MINISTÈRE DE LA GUERRE.

ÉDITION MÉTHODIQUE.

CONTENTIEUX ADMINISTRATIF
RÉPARATIONS CIVILES
RÉGIME DES CHAMPS DE TIR

(Volume arrêté à la date du 1er juin 1925.)

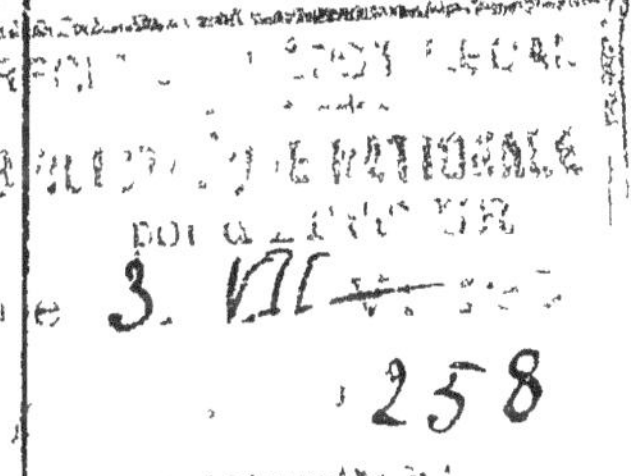

CHARLES-LAVAUZELLE & C**IE**

Éditeurs militaires

PARIS, Boulevard Saint-Germain, 124

LIMOGES, 62, Avenue Baudin | 53, Rue Stanislas, NANCY

BULLETIN OFFICIEL
DU MINISTÈRE DE LA GUERRE.

ÉDITION MÉTHODIQUE.

CONTENTIEUX ADMINISTRATIF

RÉPARATIONS CIVILES

RÉGIME DES CHAMPS DE TIR

(Volume arrêté à la date du 1er juin 1925.)

CHARLES-LAVAUZELLE & Cie
Editeurs militaires
PARIS, Boulevard Saint-Germain, 124
LIMOGES, 62, Avenue Baudin | 53, Rue Stanislas, NANCY

BULLETIN OFFICIEL
DU MINISTÈRE DE LA GUERRE.

ÉDITION MÉTHODIQUE.

CONTENTIEUX ADMINISTRATIF

RÉPARATIONS CIVILES

RÉGIME DES CHAMPS DE TIR

PREMIÈRE PARTIE

Contentieux.

Loi sur l'organisation judiciaire.
(16-24 août 1790.)

. . . .

TITRE II.

Art. 13. Les fonctions judiciaires sont distinctes et demeureront toujours séparées des fonctions administratives. Les juges ne pourront, à peine de forfaiture, troubler de quelque manière que ce soit les opérations des corps administratifs, ni citer les administrateurs devant eux pour raison de leur fonction.

Loi sur la désignation des biens nationaux à vendre dès à présent, sur leur administration jusqu'à la vente, sur les créanciers des différentes maisons, etc. (1).

(5 novembre 1790.)

. . . .

TITRE III.

DU MOBILIER, DES TITRES ET PAPIERS, ET DES PROCÈS.

. . . .

Art. XV. Il ne pourra en être exercé aucune (action) contre ledit procureur général syndic, en sa dite qualité, par qui que ce soit, sans qu'au préalable on ne se soit pourvu par simple mémoire, d'abord au directoire du district, pour donner son avis; ensuite au directoire du département, pour donner une décision, aussi à peine de nullité. Les directoires de district et de département statueront sur le mémoire dans le mois, à compter du jour qu'il aura été remis, avec les pièces justificatives, au secrétariat du district, dont le secrétaire donnera son récépissé, et dont il fera mention sur le registre qu'il tiendra à cet effet. La remise et l'enregistrement du mémoire interrompront la prescription, et dans le cas où les corps administratifs n'auraient pas statué à l'expiration du délai ci-dessus, il sera permis de se pourvoir devant les tribunaux.

* * *

Décret portant qu'il ne sera fait aucun paiement par la trésorerie nationale et les caisses des diverses administrations de la République, en exécution de jugements attaqués par la voie de cassation, sans une caution préalable.

(16 juillet 1793)

Article unique. Il ne sera fait, par la trésorerie nationale et par les caisses des diverses administrations de la République, aucun paiement, en vertu des jugements qui seront attaqués par la voie de la cassation, dans les termes prescrits par le décret,

---

(1) Cette disposition est toujours en vigueur (Cf. Cour de Paris, 6 novembre 1903; *Gaz. Tribunaux* de 1904, p. 76; Hanrot contre ministre du commerce).

qu'au préalable, ceux, au profit desquels lesdits jugements auraient été rendus, n'aient donné bonne et suffisante caution pour sûreté des sommes à eux adjugées.

Décret portant que les créances sur l'Etat seront réglées administrativement.

(26 septembre 1793.)

La Convention nationale décrète que toutes les créances sur l'Etat seront réglées administrativement. Elle charge ses comités de liquidation et de finances de lui proposer, dans la séance de demain, un décret à cet égard.

Loi qui défend aux tribunaux de connaître des actes d'administration et annule toutes procédures et jugements intervenus à cet égard.

(16 fructidor an III)

La Convention nationale, après avoir entendu son comité de finances, décrète... :

Défenses itératives sont faites aux tribunaux de connaître des actes d'administration de quelque espèce qu'ils soient aux peines de droit, sauf aux réclamants à se pourvoir devant le comité de finances pour leur être fait droit, s'il y a lieu, en exécution des lois et notamment de celle du 13 frimaire dernier.

Arrêté du Directoire exécutif concernant la poursuite et la direction des actions judiciaires qui intéressent la République.

(10 thermidor an IV.)

Le Directoire exécutif, informé que les dispositions de la loi du 19 nivôse dernier, qui chargent ses commissaires près les administrations, de la poursuite et de la direction des actions judiciaires qui intéressent la République, ne sont pas exécutées dans tous les départements avec l'uniformité qu'exigent le bien du service et la conservation des droits nationaux; que, dans

plusieurs départements, les commissaires du Directoire exécutif
près les administrations font paraître, à l'audience, des défen-
seurs officieux qui plaident au nom de la République, et que les
administrations les salarient; que, dans d'autres, les commissaires du Directoire exécutif près les tribunaux portent la parole
pour les commissaires du Directoire exécutif près les administrations, et font valoir les moyens que leur fournissent ceux-ci
par les mémoires qu'ils leur adressent à cet effet;

Considérant :

1° Qu'il importe de saisir toutes les occasions qui se présentent d'économiser les deniers de la République et de retrancher
les dépenses superflues;

2° Qu'il est contraire à la dignité de la République qu'elle ne
soit représentée devant les tribunaux que par de simples particuliers, tandis qu'il existe auprès de ces tribunaux mêmes des
fonctionnaires publics chargés de stipuler ses intérêts et de défendre ses droits;

Arrête ce qui suit :

Art. 1ᵉʳ. Dans toutes les affaires portées devant les tribunaux,
dans lesquelles la République sera partie, les commissaires du
Directoire exécutif près les administrations en vertu des arrêtés
desquelles elles seront poursuivies, seront tenus d'adresser aux
commissaires du Directoire exécutif près ces tribunaux, des mémoires contenant les moyens de défense de la nation.

Art. 2. Les commissaires du Directoire exécutif près les tribunaux pourront lire à l'audience les mémoires qui leur ont été
adressés par les commissaires du Directoire exécutif près les
administrations, et, soit qu'ils le lisent ou non, ils proposeront
tels moyens et prendront telles conclusions que la nature de
l'affaire leur paraîtra devoir exiger.

Le présent arrêté sera inséré au *Bulletin des Lois*.

Il sera exécuté dans les départements réunis par la loi du
9 vendémiaire dernier, comme dans les autres parties de la République.

Le Ministre de la justice tiendra la main à son exécution.

Pour expédition conforme :

Signé : L.-M. Revellière-Lépeaux,
président.

Par le Directoire exécutif :

Le Secrétaire général,
Lagarde.

Arrêté relatif à la formalité du timbre pour les pétitions.

(15 fructidor an VIII.)

Les Consuls de la République, vu la réclamation du citoyen Dupetit-Manieux, contre une décision du Ministre des finances, en date du 14 pluviôse an VII, relative à un passage contesté entre le réclamant acquéreur du ci-devant presbytère de la commune d'Esbly et le citoyen Frager, acquéreur de la maison d'école de la même commune;

Vu aussi la loi du 13 brumaire an VII, sur le timbre;

Considérant qu'aucune des pièces produites par le citoyen Dupetit-Manieux n'est revêtue des formes prescrites par la loi;

Le Conseil d'Etat entendu,

Arrêtent :

Art. 1er. Il ne sera statué sur la pétition du citoyen Dupetit-Manieux qu'autant qu'il présentera une nouvelle pétition sur papier timbré;

Art. 2. Le Ministre des finances est chargé de l'exécution du présent arrêté qui sera imprimé au *Bulletin des Lois.*

Le Premier Consul,
Signé : BONAPARTE.

Par le Premier Consul.

Le Secrétaire d'Etat,	*Le Ministre de la justice,*
Signé : Hugues-B. MARET.	Signé : ABRIAL.

Loi du 18 décembre 1878 dispensant du timbre et de l'enregistrement les actes faits en exécution de la loi sur les réquisitions militaires.

Le Sénat et la Chambre ont adopté,
Le Président de la République promulgue la loi dont la teneur suit :

Article unique. Les procès-verbaux, certificats, significations, jugements, contrats, quittances et autres actes faits en vertu de

la loi du 3 juillet 1877 sur les réquisitions militaires, et exclusivement relatifs au règlement de l'indemnité seront dispensés du
timbre et enregistrés gratis, lorsqu'il y aura lieu à la formalité
de l'enregistrement.

La présente loi, délibérée et adoptée par le Sénat et par la
Chambre des députés, sera exécutée comme loi de l'Etat.

Fait à Versailles, le 18 décembre 1878.

Signé : Mal DE MAC-MAHON, duc de MAGENTA.

Par le Président de la République :

Le Ministre des finances,

Signé : Léon SAY.

---

*Extrait de la lettre collective du 1ᵉʳ juin 1878, au sujet de la né-
cessité de saisir immédiatement l'administration de la guerre
des réclamations faites par mémoires préalables déposés aux
préfectures* (art. 15 du titre III de la loi du 5 novembre 1790).

(Directions de l'Artillerie, du Génie, de l'Intendance
et des Poudres et Salpêtres.)

L'article 15 du titre III de la loi du 28 octobre-5 novembre
1790 a fixé un mois pour le délai après lequel, le mémoire préalable étant resté sans réponse ou ayant fait l'objet d'une réponse
ne satisfaisant pas le réclamant, celui-ci alors, mais alors seulement, a le droit d'ajourner l'Etat en justice.

Ce délai, si court, a été à l'égard des départements et des
communes porté à trois mois par des lois postérieures (art. 51
de la loi du 18 juillet 1837 et art. 37 de la loi du 10 mai 1838):
mais l'article 15 précité de la loi de 1790 n'a pas été modifié. Ce
délai d'un mois seulement, ainsi laissé à l'Etat pour transiger
sur des réclamations avant que celles-ci puissent être portées
par voie litigieuse devant la juridiction compétente, est tout à
fait insuffisant. Il est arrivé fréquemment et tout récemment
encore que des préfets et des directeurs du génie ont omis de
transmettre au Ministre les mémoires préalables, ou bien ne les
ont transmis que tardivement, ce qui a empêché l'administration
de statuer dans le délai légal.

Afin d'empêcher pour l'avenir le retour de semblables irrégu-
larités, j'ai arrêté les dispositions suivantes :

Pour assurer toute promptitude et régularité à l'exécution des
prescriptions de l'article 15 du titre III de la loi du 28 octobre-

5 novembre 1790, dès le dépôt à la préfecture du simple mémoire préalable exigé par cet article et sans distinction entre les réclamations de la compétence de la juridiction civile et celles de la compétence de la juridiction administrative, les préfets devront, s'il s'agit d'une affaire intéressant le Département de la guerre :

Envoyer immédiatement et sans le moindre retard une copie de ce mémoire au Ministre de la guerre, et deux autres copies, directement et par la voie la plus rapide, l'une au directeur d'artillerie ou du génie ou à l'intendant militaire, l'autre au chef local du service militaire intéressé (commandant d'artillerie, chef du génie ou sous-intendant militaire). Pour les établissements des poudres et salpêtres, ces deux dernières copies seront remplacées par une seule qui serait adressée au directeur de l'établissement.

Ces chefs locaux de service, dès qu'ils auront reçu la copie du mémoire, rédigeront sans délai leur rapport sur la question qui en est l'objet et feront parvenir ce rapport à leur directeur ou intendant militaire, qui y joindra son avis et adressera le tout, sans aucun retard, au Ministre de la guerre, directement et sans aucun intermédiaire.

Circulaire relative à l'instruction des affaires contentieuses concernant l'administration de la guerre en instance devant les conseils de préfecture.

(Direction du Contentieux et de la Justice militaire.)

Paris, le 18 mai 1899.

Monsieur le Préfet, par circulaire en date du 22 juin 1893, M. le Président du Conseil, Ministre de l'intérieur, a appelé l'attention de MM. les préfets sur la nécessité d'aviser mon administration des conditions dans lesquelles étaient notifiés les arrêtés rendus par les conseils de préfecture.

Or, à la suite d'incidents récents, il m'a été donné de constater que mon administration n'est pas toujours avisée en temps utile du dépôt au greffe du conseil de préfecture, soit des requêtes introductives d'instance, soit des répliques produites par les parties adverses de l'Etat, et que les prescriptions de la circulaire susvisée n'étaient généralement pas observées.

Afin d'éviter le retour de semblables incidents et d'activer l'instruction des affaires contentieuses, j'ai arrêté les dispositions suivantes auxquelles je vous prie de vous conformer à l'avenir :

1° Les requêtes introductives d'instance sont aujourd'hui, en vertu de la loi du 22 juillet 1889, déposées au greffe du conseil de préfecture et c'est à ce conseil qu'il appartient d'ordonner les divers actes de procédure dont ce dépôt forme le point de départ et de fixer le délai accordé aux parties pour produire leurs moyens de défense.

2° Aux termes des considérants d'un arrêt du Conseil d'Etat en date du 9 décembre 1898 (affaire Favril), le préfet a seul qualité pour représenter l'Etat, comme demandeur ou défendeur, devant le conseil de préfecture, et cette règle ne comporte pas d'exception du fait de la loi des 8-10 juillet 1791 qui attribue au Ministre de la guerre la conservation des fortifications et autres ouvrages militaires.

C'est donc à vous seul, comme représentant de l'Etat, que doivent être adressées les notifications prévues par les articles 3, 6 et 7 de la loi du 22 juillet 1889.

Dès que les requêtes vous auront été ainsi notifiées, vous voudrez bien les transmettre d'urgence au directeur du service local chargé d'instruire l'affaire et de préparer les conclusions au nom de l'Etat.

Ces conclusions seront soumises à mon approbation par les soins du service local dont relève l'affaire.

Après avoir reçu mon approbation, elles vous seront transmises par le directeur du service local pour être revêtues de votre signature avant d'être déposées au greffe du conseil de préfecture.

Vous voudrez bien remarquer en effet, Monsieur le Préfet, que, aux termes de la jurisprudence ci-dessus rappelée, vous avez seul qualité pour signer, au nom de l'Etat, les conclusions produites par mon administration, bien qu'elles aient été soumises, au préalable, à mon approbation.

Il importe, d'ailleurs, de ne pas omettre cette formalité qui peut entraîner la non-recevabilité des conclusions produites par mon administration, ainsi que l'annulation des arrêtés rendus par le conseil de préfecture.

Les dispositions précédentes sont applicables aux répliques ou observations qu'il y aurait lieu de déposer, au nom de l'Etat, au cours de la procédure.

Vous aurez soin, d'ailleurs, dans chaque cas, d'informer le directeur du service local de la date du dépôt au greffe de ces divers documents.

Cet officier vous fera connaître le nom de l'avocat que j'aurai désigné pour défendre l'affaire.

3° La loi du 22 juillet 1889 a fixé à deux mois le délai d'appel devant le Conseil d'Etat et l'article 59 de cette loi dispose que :

« Le délai de pourvoi contre l'Etat ou les administrations représentées par le préfet court, soit à dater du jour où la notification de l'arrêté a été faite par les parties au préfet, soit à dater du jour où la notification a été faite aux parties par le préfet.

« Lorsque le conseil de préfecture a statué en matière répressive, le délai court contre l'administration à partir de la date de l'arrêté. »

Il est essentiel, pour éviter des déchéances absolues, que je sois mis à même de former, en temps utile, les pourvois que je jugerai nécessaire d'introduire devant le Conseil d'Etat et vous voudrez bien, à cet effet, procéder comme il suit :

4° Tout arrêté du conseil de préfecture sera d'abord, et avant toute notification, communiqué par vos soins au directeur du service local *dans la huitaine.*

Il y a lieu d'utiliser à cet effet l'expédition sur papier libre qui doit vous être délivrée par le secrétaire-greffier (article 51 de l'instruction ministérielle du 31 juillet 1890).

5° Le directeur du service local me transmettra sans retard l'expédition de l'arrêté avec un rapport faisant connaître si la décision du conseil de préfecture est ou non conforme aux conclusions de l'administration, et, en cas de non-conformité, il traitera la question de savoir s'il y a lieu de former un pourvoi et il présentera à ce sujet des propositions motivées.

Sur le vu de ces propositions, je déciderai s'il y a lieu ou non de former un pourvoi.

6° Cette décision vous sera communiquée par les soins du directeur du service local.

Ce n'est qu'après avoir reçu communication de cette décision que vous ferez notifier l'arrêté à la partie (à sa personne ou à son domicile réel).

7° Afin que je connaisse d'une façon précise le point de départ du délai de recours, vous me ferez parvenir, dans le plus bref délai, une copie de la notification administrative ainsi faite par vos soins.

Vous aurez soin également de m'adresser, sans retard, les significations qui pourraient vous être faites par la partie adverse de l'Etat.

Si vous n'avez pas reçu de signification de la partie au moment où vous m'adresserez le certificat de la notification administrative faite par vos soins, vous me signalerez cette circonstance.

En procédant ainsi, mon administration sera toujours avisée en temps utile de la date exacte, soit des notifications administratives faites au nom de l'Etat, soit des significations faites par exploit d'huissier par les parties et n'aura pas à craindre de laisser expirer les délais de pourvoi sans que j'aie pris les mesures nécessaires pour sauvegarder les intérêts de l'Etat.

Il n'est pas besoin de faire ressortir l'importance qui s'attache pour l'Etat à l'exacte et stricte application des règles susindiquées, puisqu'il s'agit pour lui d'éviter des déchéances absolues.

8° Telles sont, Monsieur le Préfet, les règles qui devront présider désormais à l'instruction des affaires contentieuses intéressant le Département de la guerre.

Je vous prie de tenir la main à ce qu'elles soient strictement observées et de veiller à ce que les communications, qui doivent avoir lieu par l'intermédiaire des bureaux de la préfecture, soient toujours faites d'urgence.

Je vous prie de m'accuser réception de cette circulaire dont j'adresse ampliation à MM. les Directeurs des services du génie, de l'artillerie et des poudres et salpêtres.

Circulaire relative à la désignation des avocats et avoués chargés de soutenir les intérêts de l'administration militaire, notamment en matière d'expropriation publique, et à la fixation des honoraires qui doivent être alloués aux avocats, et, le cas échéant, aux avoués.

(Direction du Contentieux et de la Justice militaire.)

Paris, le 13 juillet 1920.

I. — DÉSIGNATION.

Les avocats et avoués chargés de représenter le Département de la guerre dans les affaires de toute nature doivent être désignés par l'administration centrale, sur la proposition des directeurs des services intéressés.

Dans les départements et en Algérie, cette désignation doit être précédée d'un accord avec le préfet du département. A Paris, le choix des avocats et avoués ne doit porter que sur ceux dont les noms figurent à l'*Annuaire de l'armée française* comme attachés au conseil judiciaire de l'administration de la guerre.

Par exception, hors Paris, dans les cas urgents et dans les affaires relatives à la loi sur les accidents du travail, la désignation pourra être faite, de concert avec les préfets, par les directeurs des services locaux ou par les fonctionnaires de l'intendance.

II. — HONORAIRES.

a) En ce qui concerne les avoués, il est rappelé que la loi ne leur confère pas un droit à des honoraires. Ils ne peuvent réclamer, en conséquence, que le remboursement des frais dont ils justifient avoir fait l'avance ainsi que les émoluments prévus par leurs tarifs.

Toutefois, dans les affaires particulièrement importantes et qui ont pu nécessiter de la part de l'avoué des soins spéciaux ou une étude approfondie du dossier, des honoraires particuliers peuvent être accordés à cet officier ministériel indépendamment des frais et des honoraires prévus par le tarif légal.

Pourront être également accordés des honoraires lorsqu'une affaire litigieuse aura fait. avant p'aidoirie. l'objet d'une transaction avantageuse pour l'Etat. L'avoué ayant fait en ce cas virtuellement et volontairement abandon dans l'intérêt de l'Etat des honoraires légaux qui auraient été dus si le procès avait été engagé, il y aura lieu de l'en dédommager équitablement par l'octroi d'émo'uments compensatoires.

Aucun tarif fixe n'est établi d'avance quant au taux des rémunérations à accorder le cas échéant; la question sera tranchée par le Ministre dans chaque cas d'espèce. Cependant, compte sera tenu à la fois des difficultés de l'affaire traitée et du montant total des intérêts pécuniaires en jeu.

Lorsqu'il y aura eu, pour la même affaire, constitution d'avocat et rétribution de ce dernier, conformément au tarif ci-après indiqué, le chiffre des honoraires de l'avoué sera réduit en conséquence.

b) Pour les avocats, les honoraires seront fixés d'après les règles suivantes :

Dans les affaires ordinaires, ne présentant aucune difficulté particulière, et dans le cas des dossiers plaidés successivement à la même adresse, mais donnant lieu à des études analogues pour chacun d'eux, il sera alloué uniformément 100 francs.

Les avocats seront, avant toute remise de dossier, prévenus de cette fixation; ils prêteront ainsi, en connaissance de cause, leur concours à l'administration et ne pourront élever ultérieurement aucune réclamation à ce sujet.

En matière d'expropriation, il sera alloué aux avocats 100 fr. dans les litiges simples pour lesquels plaidoirie a été entendue et transaction est intervenue, soit après la visite des lieux, soit à l'audience; le tarif sera de 25 francs pour les affaires conciliées avant tout débat.

Il demeure entendu que, pour toutes les affaires particulièrement complexes et mettant en jeu des intérêts plus élevés, les avocats conserveront le droit d'adresser au Ministre, aussi bien en matière d'expropriation qu'en toute autre matière, leur demande faisant connaître le montant des honoraires par eux sollicités; le Ministre se réserve le soin d'allouer aux avocats, s'il le juge à propos, en pareil cas, des honoraires supérieurs aux chiffres ci-dessus indiqués et fixés d'après les propositions qui lui seront faites par les directeurs des services.

Il importe de dégrever, dans la plus large mesure possible, le budget de la guerre des frais considérables qu'entraînent généralement les formalités d'expropriation.

A cet effet :

1° Les directeurs des services intéressés ne devront provoquer aucune designation d'avocat avant d'avoir épuisé, dans chaque affaire, tous les moyens de conciliation à l'égard des expropriés; on pourra ainsi éviter l'allocation de 25 francs ci-dessus prévue pour toute affaire conciliée avant débats;

2° Dans la plupart des cas, il y a avantage pour l'Etat à ce qu'un seul avocat soit chargé de défendre ses intérêts devant les jurys d'expropriation;

3° A moins d'impossibilité absolue, toutes les études préalables en matière d'expropriation doivent être confiées, après entente avec le Ministre des finances, aux agents des domaines, de préférence aux experts, dont le concours est toujours onéreux pour l'Etat;

4° Il est rappelé que l'intervention des officiers ministériels pour les significations et notifications prévues par la loi du 3 mai 1841 n'est pas nécessaire; toutes ces formalités peuvent être remplies administrativement par les agents assermentés du Département de la guerre (officiers d'administration du génie, officiers d'administration d'artillerie, gendarmes) dont les procès-verbaux font foi en justice et dont le concours pour cet objet est absolument gratuit.

*Loi portant modification de la loi du 26 octobre 1888 relative à
la création d'une section temporaire du contentieux au Conseil
d'Etat (Bulletin des lois, 2ᵉ 1900, p. 5).*

Paris, le 17 juillet 1900.

Le Sénat et la Chambre des députés ont adopté;
Le Président de la République promulgue la loi dont la teneur suit :

Art. 1ᵉʳ. L'article 2 de la loi du 25 octobre 1888 est modifié
comme suit:

Art. 2. Composition de la section temporaire................,

Art. 3. Dans les affaires contentieuses qui ne peuvent être introduites devant le Conseil d'Etat que sous la forme de recours
contre une décision administrative lorsqu'un délai de plus de
quatre mois s'est écoulé sans qu'il soit intervenu aucune décision, les parties intéressées peuvent considérer leur demande
comme rejetée et se pourvoir devant le Conseil d'Etat. Si des
pièces sont produites après le dépôt de la demande, le délai ne
court qu'à dater de la réception de ces pièces.

La date du dépôt de la réclamation et des pièces, s'il y a lieu,
est constatée par un récépissé délivré conformément aux dispositions de l'article 5 du décret du 2 novembre 1864. A défaut
de décision, ce récépissé doit, à peine de déchéance, être produit par les parties à l'appui de leur recours au Conseil d'Etat.

Si l'autorité administrative est un corps délibérant, les délais
ci-dessus seront prorogés, s'il y a lieu, jusqu'à l'expiration de
la première session légale qui suivra le dépôt de la demande ou
des pièces.

La présente loi, délibérée et adoptée par le Sénat et par la
Chambre des députés, sera exécutée comme loi de l'Etat.

---

*Arrêt relatif à la prescription quinquennale atteignant les actions
portées devant une juridiction incompétente.*

(Conseil d'État, arrêt du 15 février 1901.)

Vu les lois des 29 janvier 1831, articles 9 et 10; 16-24 août
1790 et 16 fructidor an III, 24 mai 1872;

Considérant que la créance que le requérant prétend avoir contre l'Etat, à raison de la perte d'un cheval survenue le 2 juin 1894, appartient à l'exercice 1894 et, qu'ainsi, elle était atteinte par la déchéance quinquennale le 31 décembre 1898;

Considérant que, pour échapper à l'application de la déchéance. le réquérant se fonde sur ce qu'il a présenté une demande d'indemnité dès le mois de juin 1894 et a, ensuite, intenté contre l'Etat une action judiciaire devant le tribunal civil de la Seine:

Mais, considérant, d'une part, que, dans les termes où elle était formulée, la réclamation remise dans le courant du mois de juin 1894 au receveur principal des douanes, à Paris, n'avait pas le caractère d'une demande d'indemnité contre l'Etat sur laquelle le Ministre des finances devait être appelé à statuer et que le Ministre n'a été saisi pour la première fois que par une pétition du 2 juin 1899; que, d'autre part, l'action portée devant l'autorité judiciaire, qui était incompétente pour en connaître, n'a pu avoir pour effet d'interrompre le délai de la déchéance; que, dans ces circonstances, le Ministre des finances était en droit de rejeter la demande du sieur Kaszclick, comme ayant été formée en dehors des délais impartis par l'article 9 de la loi du 29 janvier 1831...

. . . .

Décide :

Art. 1er. La requête est rejetée.

Arrêt relatif aux conflits de juridiction en Tunisie. — Infraction par un gendarme à un ordre émané de son brigadier.

(Tribunal des conflits, 16 novembre 1901.)

Au nom du Peuple français,

Le Tribunal des conflits,

Vu l'arrêté en date du 12 juillet 1901, par lequel M. le Résident général de la République, à Tunis, a élevé le conflit d'attribution dans l'instance engagée devant le tribunal civil de Tunis, entre le sieur Greco et le gendarme Meyrigne;

Vu la demande de dommages-intérêts formée contre celui-ci,

par exploit du 14 mai 1901, pour avoir, à la date du 15 janvier précédent, causé, par imprudence, une blessure audit Greco, en tirant, malgré la défense de son brigadier, sur un taureau échappé dans une rue de Souk-el-Arba, un coup de fusil, dont la balle, traversant le bois de la porte du plaignant, aurait atteint ce dernier dans l'intérieur de sa maison;

Vu le mémoire, en date du 16 juin suivant, par lequel M. le Résident général a décliné la compétence du tribunal civil de Tunis; ensemble le jugement du 25 du même mois, qui a rejeté ce déclinatoire, contrairement aux conclusions du ministère public;

Vu l'article 13, titre II, de la loi des 16-24 août 1790; l'article 3 de la loi du 16 fructidor an III; l'ordonnance du 1er juin 1828, sur les conflits; le décret du 23 juin 1885, sur les pouvoirs du résident général à Tunis;

Considérant que le résident général à Tunis, dépositaire de tous les pouvoirs de la République française dans la régence, a qualité pour y exercer, à défaut de préfet, les fonctions conférées à ces magistrats, en matière de conflit, par l'ordonnance du 1er juin 1828;

Considérant que le gendarme Meyrigne était dans l'exercice de ses fonctions lorsque, simultanément avec d'autres personnes armées de fusils, il a fait feu sur un taureau qui parcourait en état de fureur les rues de Souk-el-Arba; qu'en admettant que ce soit sa balle qui, traversant la porte du sieur Greco, a blessé ce dernier dans sa maison, la faute qui lui est imputée d'avoir fait usage de son arme contrairement à un ordre donné quelques instants avant par son brigadier ne peut se détacher de l'interprétation de cet ordre, dont il n'appartient pas à l'autorité judiciaire d'apprécier la portée et les conséquences; que c'est à bon droit que le résident général a revendiqué pour l'autorité administrative la connaissance de la demande d'indemnité formée contre le gendarme Meyrigne par le sieur Greco. (Arrêté de conflit confirmé; sont considérés comme non avenus les assignations et tous les actes de procédure tendant à faire statuer sur le litige par l'autorité judiciaire).

*Arrêt reconnaissant au Ministre de la guerre le droit d'intenter
une action en justice contre un particulier.*
(Cour d'appel de Lyon, 26 décembre 1902.)

La Cour.

Considérant que l'article 59 du Code de procédure civile indique les personnes auxquelles doit être donnée l'assignation;

Que ces prescriptions sont sans application au procès actuel, dans lequel l'Etat est demandeur;

Considérant, en outre, que le Ministre de la guerre a qualité et compétence pour représenter l'Etat dans un procès ayant pour objet le changement de nom d'une manufacture d'armes dont la dénomination actuelle peut nuire à la manufacture nationale établie à Saint-Etienne;

Que c'est là une action spéciale qui appartient à l'administration de la guerre;

Par ces motifs,

Rejette comme mal fondée la demande en nullité formée par la manufacture française d'armes;

La condamne aux frais de l'incident liquidés à.............;

Ordonne qu'il sera donné suite à l'appel et plaidé au fond.

---

*Circulaire relative à la notification, à l'administration
de la guerre, des décisions judiciaires.*
(Direction du Contentieux et de la Justice militaire.)

Paris, le 21 janvier 1904.

Chaque fois qu'une décision judiciaire aura été rendue par un tribunal quelconque ou par un conseil de préfecture, sur une instance où l'administration de la guerre était partie, les directeurs et chefs des services intéressés devront faire parvenir, dans le plus bref délai possible, à l'administration centrale, sous le timbre des directions et services compétents, une copie, sur papier libre, du dispositif desdits jugements, arrêts ou arrêtés, et cela, alors même qu'ils n'auraient été ni levés ni signifiés par les parties adverses de l'Etat.

---

*Frais des pourvois pour incompétence, excès de pouvoir,
refus de revision ou liquidation erronée de pension.*

(Extrait de la loi de finances du 17 avril 1906.)

Art. 4. Seront enregistrés en débet et jugés sans autres frais
que le droit de timbre : les recours portés devant le Conseil
d'Etat en vertu de la loi des 7-14 octobre 1790 contre les actes
des autorités administratives pour incompétence ou excès de
pouvoirs; les recours contre les décisions portant refus de liquidation ou contre les liquidations de pension.

En cas de rejet total ou partiel de la requête, les droits d'enregistrement du recours ou de l'arrêt sont dus par le requérant.
Il en est de même lorsque l'arrêt constate qu'il n'y a lieu de
statuer, à moins que cette décision ne soit motivée sur le retrait
de l'acte attaqué opéré postérieurement à l'introduction du recours, auxquels cas le requérant n'est tenu de payer aucun droit
d'enregistrement.

Le pourvoi peut être formé sans l'intervention d'un avocat au
Conseil d'Etat, en se conformant d'ailleurs aux prescriptions de
l'article 1er du décret du 22 juillet 1806.

L'article 1er du décret du 2 novembre 1864 est abrogé.

------

*Circulaire au sujet de la notification des arrêtés rendus en matière
répressive par les conseils de préfecture.*

(Direction du Génie; Bureau du Matériel.)

Paris, le 24 février 1908.

La question s'est posée récemment de savoir si la notification
des arrêtés rendus par les conseils de préfecture, en matière
de contraventions aux lois et règlements concernant le domaine
militaire, devait encore avoir lieu à la diligence des directeurs
du génie, conformément aux prescriptions du dernier alinéa de
l'article 35 du décret du 16 août 1853, ou si, au contraire, les
prescriptions dont il s'agit n'avaient pas été abrogées par la
disposition de l'article 51 de la loi du 22 juillet 1889 qui confie
d'une façon générale aux préfets le soin de notifier toutes décisions des conseils de préfecture, à l'exception de certaines déci-

sions parmi lesquelles ne figurent pas celles qui intéressent le domaine militaire.

Consulté à ce sujet, le Conseil d'Etat a émis l'avis que les dispositions contenues dans l'article 51 de la loi du 22 juillet 1889 sont seules applicables pour la notification des arrêtés des conseils de préfecture en matière de contraventions sur le domaine militaire et qu'il appartient au préfet de prendre telles mesures que de droit pour désigner, dans l'intérêt de chaque service, les agents qui peuvent être chargés de faire ces notifications aux parties intéressées.

Il est rappelé d'autre part que, conformément aux dispositions de la circulaire aux préfets, du 18 mai 1899, la notification d'un arrêté du conseil de préfecture ne doit être faite aux parties que lorsque le Ministre a pris une décision sur la question de savoir s'il y avait lieu ou non de former un pourvoi.

En conséquence, dès que cette décision aura été notifiée aux directeurs du génie, ceux-ci devront la porter à la connaissance du préfet du département où la contravention a été constatée.

C'est ce haut fonctionnaire qui doit seul prendre alors telles mesures que de droit pour la notification à parties.

IIe PARTIE.

Réparations civiles.

*Arrêt annulant un arrêt de cour d'appel qui avait déclaré justiciables des tribunaux civils deux militaires qui, en interdisant
par la force l'accès d'un champ de tir. avaient blessé un habitant.*

(Tribunal des conflits, 8 décembre 1894)

Au nom du peuple français,

Le tribunal des conflits,

Vu l'arrêté en date du 3 août 1894, par lequel le préfet du
département de la Côte-d'Or a élevé le conflit d'attributions dans
l'instance engagée devant la cour d'appel de Dijon, à la requête
du sieur Gresler, contre le général de Hay-Durand, le sergent
Boisson et le soldat Charles;

Vu les exploits des 18 et 21 mars 1892, par lesquels Ludovic
Gresler, vigneron, a cité devant le tribunal civil de Dijon le général de division de Hay-Durand, Albert Boisson, alors sergent
au 3e bataillon de chasseurs à pied, et Jules Charles, alors soldat
au même bataillon, tous solidairement, en paiement de 3.000
francs de dommages-intérêts, le premier pour avoir illégalement
et sans droit donné, le 19 mai 1891, la consigne de faire évacuer
la vigne de Gresler, qui n'est soumise à aucune servitude, les
deux autres pour lui avoir porté des coups et fait des blessures
sur son refus légitime d'obtempérer à un ordre illégal;

Vu le déclinatoire proposé par le préfet le 8 avril 1892;

Vu le jugement du tribunal civil de Dijon du 14 juin 1892, qui
se déclare incompétent à l'égard de tous les défendeurs;

Vu l'acte d'appel de Gresler du 5 mars 1894;

Vu le déclinatoire proposé par le préfet le 29 mars 1894;

Vu l'arrêté, en date du 20 juillet 1894, par lequel la cour de
Dijon a confirmé le jugement au profit du général de Hay-Durand, mais l'a infirmé et a repoussé le déclinatoire à l'égard de
Boisson et de Charles;

Vu l'arrêt de sursis après conflit du 8 août 1894;

Vu l'extrait du registre du parquet tenu en conformité de l'ordonnance du 1er juin 1828 et constatant l'accomplissement des
formalités prescrites par l'ordonnance du 1er juin 1828;

Vu la lettre du directeur des affaires civiles de laquélle il
résulte que le dossier est parvenu à la chancellerie le 11 septembre 1894;

Vu les observations du Ministre de la guerre en date du 5 novembre 1894;

Vu les observations déposées, le 12 novembre 1894, par Me Nivard, avocat, dans l'intérêt des sieurs Boisson et Charles;

Vu les observations présentées, le 7 décembre 1894, par Me Arbelet, au nom du sieur Gresler;

Vu les lois des 16-24 août 1790 et du 16 fructidor an III;

Ouï M. Babinet, membre du tribunal, en son rapport;

Ouï Me Arbelet, avocat du sieur Gresler, et Me Nivard, avocat du sergent Boisson et du soldat Charles, en leurs observations;

Ouï M. Jagerschmidt, commissaire du gouvernement, en ses conclusions;

Considérant que Gresler a intenté son action devant l'autorité judiciaire contre le sergent Boisson et le soldat Charles à raison de ce que les actes qui lui auraient fait grief ne rentraient pas dans l'accomplissement des ordres par eux reçus;

Considérant que les faits articulés ne peuvent pas se détacher de l'exécution tant des ordres généraux de l'autorité militaire que de l'ordre spécial donné à Boisson et Charles par le capitaine de ronde;

Qu'ainsi c'est avec raison que le préfet a revendiqué pour l'autorité administrative la connaissance de la demande d'indemnité formée par Gresler,

Décide :

Art. 1er. L'arrêté de conflit susvisé est confirmé.

Art. 2. Sont considérés comme non avenus la citation donnée par Gresler à Boisson et à Charles les 18 et 21 mars 1892, l'acte d'appel du 5 mars 1894 et l'arrêt de la cour d'appel de Dijon du 20 juillet 1894, ensemble tous actes de procédure, toutes demandes formées et conclusions prises aux fins de faire statuer par l'autorité judiciaire.

Dégâts causés aux chemins vicinaux lors des manœuvres d'ensemble.

(Avis du Conseil d'Etat, séance du 22 juin 1897.)

La section des finances, de la guerre, de la marine et des colonies du Conseil d'Etat, sur le renvoi qui lui a été fait par le Ministre de la guerre de la question de savoir s'il n'y aurait pas lieu d'accorder, le cas échéant, les indemnités dont parle l'article 54 de la loi du 3 juillet 1877 pour dégâts causés aux propriétés privées pendant les grandes manœuvres aussi bien aux propriétés du domaine public communal qu'à celles du domaine privé;

Vu la lettre du Ministre de la guerre en date du 21 mai 1897;

Vu l'instruction ministérielle du 25 août 1874;

Vu le décret du 2 août 1877;

Vu la loi du 3 juillet 1877 (réquisitions militaires);

Vu la loi du 21 mars 1836 (chemins vicinaux);

Considérant que l'article 54 de la loi du 2 juillet 1877 relative aux réquisitions militaires dispose que des indemnités peuvent être allouées en cas de dommages causés aux propriétés privées par le passage ou le stationnement des troupes dans les marches, manœuvres et opérations d'ensemble prévues à l'article 28 de la loi du 24 juillet 1873;

Considérant que les termes précis employés dans cet article excluent la possibilité d'attribuer amiablement des indemnités pour dégâts causés au domaine public;

Considérant, en outre, qu'on ne saurait invoquer, en faveur de la solution demandée, l'article 14 de la loi du 21 mai 1836, qui a un objet et qui donne lieu à une procédure absolument différente,

Est d'avis que les indemnités dont il est question à l'article 54 de la loi du 3 juillet 1877 (réquisitions militaires) ne pourraient être accordées au domaine public communal.

Circulaire relative aux mesures à prendre en cas de dommages causés aux biens du domaine public communal pendant les manœuvres.

(Direction du Contentieux et de la Justice militaire.)

Paris, le 13 août 1897.

Mon cher Général, l'article 54 de la loi du 3 juillet 1877 prévoit les indemnités à payer pour les dégâts causés aux propriétés privées pendant les grandes manœuvres.

Cet article doit s'étendre aux propriétés faisant partie du domaine privé des communes; mais, d'après l'avis des jurisconsultes, il ne saurait s'appliquer aux propriétés faisant partie du domaine public communal.

Il convient, dès lors, que les commissions d'évaluation soient fixées, aussi exactement que possible, sur la nature des biens qui constituent le domaine public communal.

Ce sont :

1º Les rues, places et promenades publiques. Elles peuvent, il est vrai, ne pas faire partie du domaine municipal, quand se continue sur leur sol une route nationale ou départementale, mais elles ne cessent pas, dans ce cas, de faire partie du domaine public departemental ou national, et, par cela même, ne relevent pas de l'article 54 de la loi du 3 juillet 1877 ;

2º Les chemins de fer communaux ;

3º Les chemins vicinaux et les chemins ruraux reconnus ;

4º Les fontaines, bornes-fontaines, lavoirs, abreuvoirs publics, ainsi que les aqueducs qui y conduisent l'eau, et l'eau même que ces appareils contiennent ;

5º Les ponts et ouvrages d'art sur les cours d'eau, quand ils ont pour objet de faire passer sur ces cours d'eau une dependancé de domaine public communal ;

6º Les églises, chapelles, temples et synagogues ;

Toutefois, il est à craindre que l'application rigoureuse de ce principe ne paraisse pas toujours suffisamment explicable aux populations et que les municipalités ne produisent des réclamations ulterieures.

En conséquence, j'estime que les commissions d'évaluation devront se borner à la constatation, aussi exacte que possible, des degâts causés aux proprietes du domaine public par le passage ou le stationnement des troupes.

Elles dresseront à ce sujet un procès-verbal de constat en double expedi ion. Une expedition sera remise au maire ; l'autre expédition sera adressee au géneral commandant de corps d'armée avec une evaluation du dommage, s'il s'agit de dégâts de peu d'importance susceptibles d'une estimation à la fois rapide et exacte. Cette derniere expédition me sera ensuite transmise par M. le géneral commandant de corps d'armée, en même temps qu'une lettre faisant connaitre les circonstances dans lesquelles les dégâts se sont produits et, au besoin, l'evaluation definitive du dommage d'après un nouvel examen effectué sur les lieux par le service du genie.

Je me réserve de décider, sur le vu de ces divers elements du litige, s'il convient d'indemniser plus ou moins complètement, et à titre purement gracieux, les communes intéressees.

Particulièrement, lorsqu'il s'agira de dégradations aux chemins vicinaux, un dédommagement ne pourra être consenti par les commissions aux communes que si ces dernières prouvent, soit au moyen d'une attestation du service vicinal, soit par la production des tableaux des chemins vicinaux et des états de classement des chemins ruraux communaux, ou de toute autre façon, que les chemins pour lesquels elles réclament une allocation ne sont ni vicinaux classés ni ruraux reconnus.

Je vous prie de vouloir bien porter ces dispositions à la connaissance des commissions appelées à opérer à la suite des troupes placées sous votre commandement.

Circulaire interdisant d'embraser les herbes sèches des terrains situés à proximité de bois ou forêts.

(Direction du Contentieux et de la Justice militaire.)

Paris, le 6 juin 1899.

Mon cher Général, un chef de corps, dans le but de prévenir les conséquences de l'embrasement accidentel des herbes sèches d'un terrain situé à quelque distance d'une forêt et du champ de tir sur lequel il opérait, a cru devoir ordonner l'incendie de ces herbes.

M. le Ministre de l'agriculture a objecté que ce procédé, outre qu'il est absolument interdit par la loi, présente des dangers extrêmes, alors, surtout, que l'exécution en est confiée à un personnel absolument inexpérimenté.

Dans ces conditions, je vous prie de vouloir bien faire connaître aux chefs de corps placés sous vos ordres que j'interdis, d'une manière absolue, l'embrasement des herbes sèches des terrains situés à proximité de bois ou de forêts.

Je vous serai obligé de vouloir bien donner des ordres pour assurer l'exécution de la présente décision.

Loi relative à l'exécution des exercices de tir par les troupes de toutes armes.

Paris, le 17 avril 1901.

Le Sénat et la Chambre des députés ont adopté,
Le Président de la République promulgue la loi dont la teneur suit :

Art. 1er. Le texte de l'article 28 de la loi du 24 juillet 1873 relative à l'organisation générale de l'armée est remplacé par la rédaction suivante :

Art. 28. L'instruction progressive et régulière des troupes de toutes armes comprend des exercices de tir soit dans les champs de tir organisés, soit en terrains variés, et se termine, chaque année, par des marches, manœuvres et opérations d'ensemble.

Pour l'exécution des exercices de tir, l'autorité militaire a le droit soit d'occuper momentanément les propriétés privées, soit d'en interdire l'accès pendant les tirs, à l'exception toutefois des habitations et des bâtiments, cours et jardins y attenant.

La loi sur les réquisitions militaires fixe les conditions dans lesquelles il est alloué des indemnités pour les dommages résultant de l'exécution des manœuvres ou des tirs, ainsi que le mode d'évaluation et de payement de ces indemnités.

Art. 2. L'article 54 de la loi du 3 juillet 1877 relative aux réquisitions militaires est remplacé par les articles suivants :

TITRE IX (1).

DISPOSITIONS SPÉCIALES AUX GRANDES MANŒUVRES ET AUX EXERCICES DE TIRS.

Art. 54. Des indemnités seront allouées en cas de dégâts matériels causés aux propriétés des particuliers ou des communes par le passage ou le stationnement des troupes, dans les marches, manœuvres et opérations d'ensemble prévues par l'article 28 de la loi du 24 juillet 1873.

Ces indemnités doivent, à peine de déchéance, être réclamées par les ayants droit, à la mairie de la commune, dans les trois jours qui suivent le passage ou le départ des troupes.

Une commission attachée à chaque corps d'armée ou fraction de corps d'armée opérant isolément procède à l'évaluation des dommages; si cette évaluation est acceptée, le montant de la somme fixée est payé sur-le-champ.

En cas de désaccord, la contestation est introduite et jugée comme il est dit à l'article 26.

Un règlement d'administration publique déterminera la composition et le mode de fonctionnement de la commission.

Art. 55 (2). Des indemnités seront allouées en cas de dom-

---

(1) Titre modifié par la loi du 23 juillet 1911 (vol. 70).
(2) Numéro modifié par la loi du 23 juillet 1911.

mages causés soit par dégâts matériels, soit par privation de jouissance, aux propriétés privées occupées par les troupes ou interdites aux habitants à l'occasion des exercices de tir prévus · par l'article 28 de la loi du 24 juillet 1873. L'évaluation et le mode de paiement de ces indemnités auront lieu conformément aux règles posées dans les 2ᵉ, 3ᵉ et 4° paragraphes de l'article 54 précédent et dans les conditions qui seront déterminées par un règlement d'administration publique.

Toutes les fois qu'un chemin vicinal ou rural reconnu, entretenu à l'état de viabilité par une commune, sera habituellement ou temporairement dégradé, soit par l'exécution des tirs, soit par les charrois qu'ils occasionnent, il pourra y avoir lieu à des subventions spéciales dont la quotité sera proportionnée à la dégradation extraordinaire qui devra être attribuée aux causes sus-indiquées. Ces dégradations seront constatécs et les subventions réglées dans les conditions prévues aux articles 14 de la loi du 21 mai 1836 et 11 de la loi du 20 août 1881.

Quiconque séjournera ou pénétrera dans les terrains interdits par les consignes des champs de tir, ou y laissera séjourner ou y fera pénétrer les bestiaux ou bêtes de trait, de charge ou de monture, sera passible des peines prévues par l'article 471, n° 15ᵉ du Code pénal, et pourra, en outre, être déchu de tout droit à indemnité en cas d'accidents.

Art. 3. Sont abrogées les dispositions contraires à la présente loi.

La présente loi, délibérée et adoptée par le Sénat et par la Chambre des députés, sera exécutée comme loi de l'Etat.

Emile LOUBET.

Par le Président de la République :

Pour le Président du conseil,
Ministre de l'intérieur et des cultes par intérim,

Le Ministre de l'instruction publique et des beaux-arts,

Georges Leygues.

Le Ministre des travaux publics,   *Le Ministre de la guerre,*
    Pierre Baudin.   Général L. André.

*Décret rendant les dispositions de la loi du 17 avril 1901 appli-
cables à l'Algérie (exécution des exercices de tir par les troupes
de toutes armes).*

Paris, le 14 mars 1902.

Le Président de la République française,
Sur le rapport du Président du Conseil, Ministre de l'inté-
rieur et des cultes, et du Ministre de la guerre;
Vu la loi du 24 juillet 1873 sur l'organisation générale de
l'armée;
La loi du 3 juillet, le décret du 2 août 1877 et le décret du
8 août 1885 sur les réquisitions militaires;
La loi du 17 avril 1901 relative à l'exécution des exercices de
tir par les troupes de toutes armes;
Le décret du 23 août 1898 sur le gouvernement et la haute
administration de l'Algérie;
L'avis du conseil de gouvernement en date du 19 juillet 1901,

Décrète :

Art. 1er. Les dispositions de la loi du 17 avril 1901 sont décla-
rées applicables à l'Algérie.

Art. 2. Le Président du Conseil, Ministre de l'intérieur et des
cultes, et le Ministre de la guerre sont chargés, chacun en ce qui
le concerne, de l'exécution du présent décret.

Emile LOUBET.

Par le Président de la République :

Le Président du Conseil,
Ministre de l'intérieur et des cultes,
Waldeck-Rousseau.

Le Ministre de la guerre,
Général L. André.

---

*Décret portant application aux départements du Haut-Rhin, du
Bas-Rhin et de la Moselle des dispositions de la loi du 17 avril
1901 relative à l'exécution de tirs par les troupes de toutes armes*

Paris, le 13 octobre 1920.

Le Président de la République française,
Sur le rapport du Président du Conseil, Ministre des affaires
étrangères et du Ministre de la guerre,

Décrète :

Art. 1er. Les dispositions de la loi du 17 avril 1901, relatives à l'exécution des exercices de tir par les troupes de toutes armes, sont applicables aux départements du Haut-Rhin, du Bas-Rhin et de la Moselle, ainsi que les règlements d'administration publique et arrêtés qui en ont ultérieurement réglé l'application.

Art. 2. Le présent décret sera soumis à la ratification du Parlement dans un délai d'un mois.

A. MILLERAND.

Par le Président de la République :
Le Président du Conseil, Ministre des affaires étrangères,
Georges LEYGUES.

Le Ministre de la guerre,
André LEFÈVRE.

———————◆———————

Loi portant ratification du décret du 13 octobre 1920 rendant applicables aux départements du Haut Rhin, du Bas-Rhin et de la Moselle, les dispositions de la loi du 17 avril 1901, relative à l'exécution de tirs par les troupes de toutes armes.

(Direction du Contentieux et de la Justice militaire; Bureau du Contentieux et des Réparations civiles.)

Paris, le 3 mai 1921.

Le Sénat et la Chambre des députés ont adopté,
Le Président de la République promulgue la loi dont la teneur suit :

Article unique. Est ratifié le décret du 13 octobre 1920 portant application aux départements du Haut-Rhin, du Bas-Rhin et de la Moselle des dispositions de la loi du 17 avril 1901, relative à l'exécution de tirs par les troupes de toutes armes.

La présente loi, délibérée et adoptée par le Sénat et par la Chambre des députés, sera exécutée comme loi de l'Etat.

Fait à Paris, le 3 mai 1921.

A. MILLERAND.

Par le Président de la République :
Le Président du Conseil,
Ministre des affaires étrangères,
Aristide BRIAND.

Notice relative au calcul des indemnités dues aux riverains des champs de tir, pour préjudices causés par la privation de jouissance et par l'interdiction de cultiver leurs terres pendant les séances de tir.

(Direction du Contentieux et de la Justice militaire.)

Paris, le 1er octobre 1902.

Conformément aux prescriptions de la loi du 17 avril 1901, relative à l'exécution des exercices de tir par les troupes de toutes armes, et du décret du 29 décembre 1901 (1), modifiant le décret du 2 août 1877 et le complétant par des dispositions spéciales aux exercices de tir, la tâche d'évaluer les indemnités à payer aux cultivateurs de terres sises dans la zone dangereuse des champs de tir est confiée à des commissions locales.

La détermination de ces indemnités présente un caractère particulièrement délicat d'où peuvent dériver de grandes divergences d'appréciation de la part des différentes commissions.

L'emploi du procédé d'estimation indiqué ci-après, qui est dû à M. le chef de bataillon du génie breveté Bonnefon, convient particulièrement au cas où il n'est pas signalé de dommages susceptibles de constatation matérielle, mais où il y a eu simplement gêne d'exploitation.

Ce procédé n'est d'ailleurs donné qu'à titre d'indication, les commissions conservant leur entière liberté d'appréciation.

§ I. — FORMULE. — SES ÉLÉMENTS.

Le préjudice causé aux riverains des champs de tir par suite de l'impossibilité où ils se trouvent de donner, pendant les tirs, les soins nécessaires à leurs cultures est déterminé par la formule

$P = \dfrac{n}{N} (V - A)$ dans laquelle on représente par :

n le nombre de journées de tir :

N le nombre des journées pendant lesquelles une culture déterminée comporte des travaux ;

V la valeur vénale, par hectare, de la récolte moyenne ;

A les frais faits par le cultivateur pour obtenir cette récolte V.

(1) Remplacé par le décret du 25 juillet 1912 (vol 70).

Les quantités V et A sont des valeurs de statistique, c'est-à-dire les moyennes décomptées sur un certain nombre d'années, indépendantes, par conséquent, des conditions climatériques. Les valeurs de V et de A sont données par un tableau analogue au tableau n° 1 ci-joint.

Dans le calcul de V, on fait entrer tout le bénéfice que le cultivateur peut retirer de sa récolte d'une manière directe ou indirecte. Pour les céréales, par exemple, on aura soin d'ajouter au prix des grains la valeur de la paille au cours moyen du pays ; pour la betterave, on tiendra compte de la valeur des feuilles données comme vert aux bestiaux ; pour les prairies, de la valeur de la pâture.

La valeur de A comprend trois éléments principaux : les frais de semence, de fumure et de main-d'œuvre.

Les premiers sont déterminés suivant l'usage du pays.

Les seconds, qui influencent d'une manière considérable le rendement des cultures, doivent être déterminés en considérant le cas de quantités de fumier plutôt moyennes appliquées à des terres de valeur ordinaire. Les valeurs attribuées à V et A peuvent être très diverses pour certaines cultures, telles que la pomme de terre, la betterave, le topinambour. Cela tient précisément à la différence des quantités d'engrais habituellement appliquées à ces cultures suivant la région considérée.

Dans les frais de main-d'œuvre, on doit cumuler les dépenses nécessaires pour semer, labourer, fumer, herser et biner, s'il y a lieu, moissonner, récolter, charger et rentrer la récolte à une distance moyenne de un kilomètre, le prix moyen de la journée (hommes, femmes ou enfants) étant évalué suivant les usages de la contrée.

On doit faire abstraction, dans le calcul de A, de certains éléments étrangers tels que :

1° Le revenu que doivent rapporter au propriétaire les fonds affectés à l'achat de sa terre, revenu représenté, dans le cas d'un affermage, par le loyer consenti par le fermier ;

2° Les frais généraux, à répartir sur l'ensemble de l'exploitation, tels que le prix d'achat des machines agricoles, d'animaux d'exploitation, frais de constructions et amortissements divers, etc.;

3° Les frais de transport et de livraison de la récolte.

En effet, si l'on peut admettre que l'usage des champs de tir diminue les frais journaliers d'exploitation dans la mesure même où il fait obstacle à cette exploitation, on ne saurait, par contre, supposer que les entraves apportées à la culture par le tir et dont l'agriculteur ne peut d'avance mesurer l'importance, vont lui permettre de réduire, par exemple, son outillage, son train de culture, etc., etc.

§ II. — Calcul de l'indemnité au moyen de la formule.

Lorsqu'on se sera procuré, pour la région dans laquelle se trouve le champ de tir, les données du tableau n° 1 pour V et A, il suffira, pour calculer l'indemnité relative à une culture donnée, de déterminer n et N et de porter ces diverses valeurs dans la formule. On aura ainsi la valeur P de l'indemnité à allouer par hectare. En multipliant cette valeur par la superficie de la culture consideree, on obtiendra l'indemnité totale.

La valeur de n est donnée, pour chaque champ de tir, par une application de la méthode générale du calque.

Un rectangle (tableau n° 2) est divisé en treize colonnes, dont douze correspondent à chacun des mois d'une année. Dans chaque mois, on trace une ligne ou une demi-ligne horizontale en face des dates où il a été exécuté des tirs (journées ou demi-journées).

Sur ce tableau, on applique une feuille de papier à calquer (n° 3), reproduisant exactement les rectangles affectés aux mois. Dans chaque rectangle, on applique une teinte couvrant l'espace correspondant aux périodes pendant lesquelles une culture déterminée comporte des travaux.

En comptant le nombre des traits horizontaux couverts par les teintes, on obtient immédiatement le nombre n de la formule ; en comptant le nombre des dates couvertes par la teinte, on a le nombre N.

Il est préparé autant de tableaux sur papier à calquer qu'il a été pratiqué de cultures différentes.

§ III. — Calcul de l'indemnité au moyen d'un graphique.

La formule (1) détermine, par hectare de culture, la valeur de l'indemnité due au cultivateur à la condition de donner à N, V, A les valeurs relatives à cette culture et à n la valeur résultant du régime du champ de tir.

La même formule sera donc applicable à tous les champs de tir d'une région dans laquelle N, V et A resteront constants, mais dans laquelle n pourra varier suivant le régime du champ de tir considéré. Il sera alors plus commode, pour l'application de la formule, de se servir d'un graphique qui s'établit comme il suit :

Posons $P = y$ et $n = x$, la formule (1) prend la forme :

$$y = a\,x \qquad (2)$$

équation d'une droite pour laquelle $a = \dfrac{V - A}{N}$.

Si on considère la culture du blé, on est conduit à prendre, en Poitou, par exemple, les valeurs moyennes du tableau n° 1 :

$$V = 429. \quad A = 197, \quad N = 151; \text{ on a alors : } u = \frac{429 - 197}{154} = \frac{151}{100}.$$

On peut alors construire la droite :

$$y = \frac{151}{100} x \text{ ou } y = \frac{37.7}{25} x,$$

en prenant (voir graphique n° 4) $x = 25$ et $y = 37.7$.

On obtient ainsi une droite $O A$, *dite droite du blé*, qui, pour 17 journées de tir, par exemple, donnera la valeur correspondante, 25 fr. 70, de l'indemnité à payer pour chaque hectare de blé.

L'emploi d'une formule rationnelle judicieusement appliquée à la détermination des indemnités dues par l'Etat est de nature à amener la diminution des exigences, parfois excessives, formulées par les cultivateurs. L'avantage de la formule est donc réel. Celui du graphique ne l'est pas moins.

Pour certaines régions, de climat semblable et de procédes de culture uniformes, il sera possible d'établir un graphique unique pour plusieurs champs de tir et de faire, au préalable, pour la confection de ce graphique, l'enquête à laquelle tout expert sera obligé de se livrer pour régler chacune des indemnités demandées. D'où une simplification de travail appréciable en même temps qu'une unité de doctrine plus complète.

Dans d'autres cas, au contraire, il sera peut-être nécessaire d'établir un graphique spécial à chaque champ de tir ; mais, comme chaque graphique aura trait à certaines cultures communes aux champs de tir voisins, il sera possible de leur appliquer, souvent sans modification, les lignes déjà établies pour d'autres graphiques. Il en résultera toujours une simplification plus ou moins grande, et l'on se sera. en tout cas, procuré le bénéfice d'une assurance contre les erreurs et les divergences d'appréciations.

La méthode de calcul envisagée plus haut se recommande donc à l'attention des commissions d'évaluation des indemnités instituées par l'article 108 du titre IX du décret du 2 août 1877 (1). Si elles jugent devoir l'employer, elles auront à déterminer, pour chaque culture, les éléments entrant dans la formule et, s'il y a lieu, ceux nécessaires à l'établissement du graphique.

---

(1) Modifié par le décret du 25 juillet 1912 (vol. 70).

TABLEAU DES VALEURS entrant dans la formule d'indemnité $P = \dfrac{n}{N}(V - A)$ *calculées pour les champs de tir de la région Vienne — Deux-Sèvres.*

DENRÉES.	LOCALITÉS.	V (en francs)	A (en francs).	V−A (en francs)	N.	$\dfrac{V-A}{N}$ (en francs)	n
Blé.......	Parthenay .	433	200	233	169		
	Niort..... .	408 } 1.287	170 } 591	288 } 696	144 } 463		
	Poitiers	396	221	175	150		
	Valeur moyenne ..	429	197	232	134	$\dfrac{232}{134} = \dfrac{131}{100}$	
Seigle	Parthenay..	364	160	204	144		
	Niort.......	409 } 1.160	120 } 409	289 } 701	130 } 414		
	Poitiers	387	129	208	140		
	Valeur moyenne...	386	136	230	138	$\dfrac{250}{138} = \dfrac{181}{100}$	
Avoine ...	Parthenay.	322	0	192	144		
	Niort.......	305 } 977	75 } 336	230 } 642	125 } 399		
	Poitiers	356	130	220	130		
	Valeur moyenne	326	112	214	133	$\dfrac{214}{133} = \dfrac{160}{100}$	11 5
Pomme de terre.	Parthenay..	400 (1)	80 (1)	320	213		
	Niort.......	650 } 1.080	270 } 665	360 } 1.015	135 } 498		
	Poitiers	630	295	335	150		
	Valeur moyenne...	360	222	338	166	$\dfrac{338}{166} = \dfrac{204}{100}$	
Betterave.	Parthenay..	645 (1)	210 (2)	435	153		
	Niort	495 } 1.610	275 } 745	220 } 865	120 } 403		
	Poitiers	470	260	210	130		
	Valeur moyenne..	536 (3)	248	288	134	$\dfrac{288}{134} = \dfrac{214}{100}$	
Topinam bour.	Parthenay .	250	120 (2)	130	213		
	Niort..... .	300 } 925	130 (2) } 475	150 } 450	210 } 633		
	Poitiers	375	205	170	210		
	Valeur moyenne ..	308	158	150	211	$\dfrac{150}{211} = \dfrac{71}{100}$	
Foin et regain.	Parthenay..	250	Trav. 35 Fum. 10 45	205	136		
	Niort.......	240 } 720	» } 85	» } 395	153 } 442 (4)		
	Poitiers	230	40	190	153		
	Valeur moyenne...	240	43	197	147	$\dfrac{197}{147} = \dfrac{134}{100}$	

(1) Récolte obtenue avec 10 francs d'engrais.
(2) Chiffres douteux.
(3) Y compris le prix des feuilles données comme fourrage vert.
(4) Y compris le montant de la pâture des bestiaux.

TABLEAU des séances faites au champ de tir pendant l'année.

DATES.	JANVIER.	FÉVRIER.	MARS.	AVRIL.	MAI.	JUIN.	JUILLET.	AOÛT.	SEPTEMBRE.	OCTOBRE.	NOVEMBRE.	DÉCEMBRE.
1		—				—						
2												
3	—				—	—						
4	—	—					—					
5		—										
6				—		—						
7	—		—		—							—
8	—		—									
9		—	—	—								
10	—											
11			—	—								
12												
13												
14	—	—	—									
15	—	—	—									
16												—
17						—						—
18		—	—	—		—						
19			—	—								—
20				—				—				
21			—									
22			—	—				—				
23			—	—	—			—				—
24	—				—			—				
25	—	—		—								
26			—									
27			—	—		—						—
28	—		—									
29			—	—								
30			—		—							
31	—				—							—

TABLEAU *indiquant les périodes favorables à la culture du blé en Poitou.*

DATES.	JANVIER.	FÉVRIER.	MARS.	AVRIL.	MAI.	JUIN.	JUILLET.	AOUT.	SEPTEMBRE.	OCTOBRE.	NOVEMBRE.	DÉCEMBRE.
1												
2			Hersage.		Sarclage.		Moisson.	Rentrée de la récolte.		Labours.	Ensemencements.	
3												
4												
5												
6												
7												
8												
9												
10												
11												
12												
13												
14												
15												
16												
17												
18												
19												
20												
21												
22												
23												
24												
25												
26												
27												
28												
29												
30												
31												

Nota. — Ce tableau devra être établi sur papier à calquer; le cadre devra s'appliquer exactement sur celui du tableau nº 2.

Dans chaque rectangle, on applique une teinte couvrant l'espace correspondant aux périodes pendant lesquelles une culture donnée comporte des travaux

GRAPHIQUE DES INDEMNITÉS

A ALLOUER POUR INTERDICTION D'EXPLOITATION DES CULTURES RIVERAINES PENDANT n JOURNÉES D'OCCUPATION SUR LES CHAMPS DE TIR DE LA RÉGION VIENNE ET DEUX-SÈVRES.

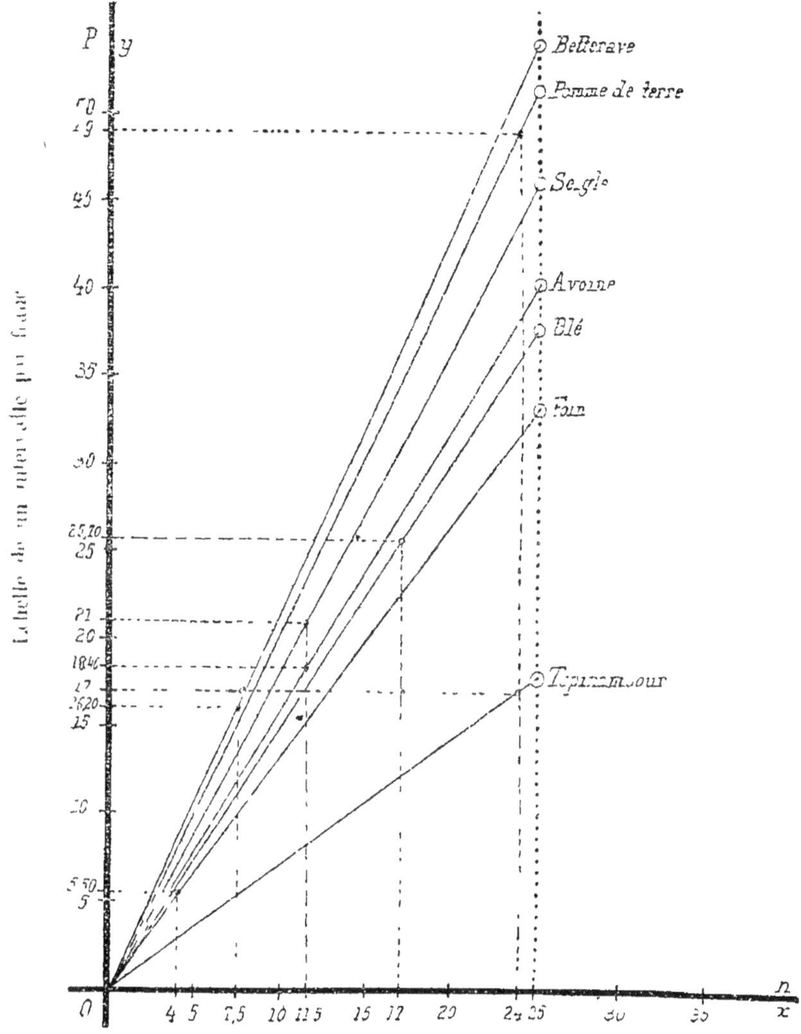

Echelle de un intervalle par jour.

*Circulaire relative aux avis préalables à donner à l'occasion
des manœuvres avec tirs à blanc.*

(Direction du Contentieux et de la Justice militaire.)

Paris, le 2 octobre 1902.

J'ai été quelquefois saisi de réclamations au sujet d'accidents survenus à des animaux (bestiaux au pacage, chevaux
au paddock, etc.) effrayés par les tirs à blanc de troupes en
manœuvres. Ces accidents auraient pu être évités si les habitants, prévenus en temps utile, avaient été à même de prendre
les dispositions nécessaires. Aussi ai-je décidé qu'un avis préalable serait désormais adressé aux maires des communes intéressées, aussi bien pour les manœuvres du 2e groupe que pour
celles du 1er groupe, et alors même que le parcours des troupes
ne devrait emprunter que la voie publique ou les terrains de
libre parcours, *chaque fois que ces exercices comporteront des
tirs à blanc.*

Le fait que les troupes se trouvent sur une route lors de l'exécution des tirs à blanc ne suffit pas, en effet, ainsi qu'il résulte
d'une décision du Conseil d'Etat, pour mettre hors de cause, le
cas échéant, la responsabilité de l'Etat.

---

*Arrêt prononçant l'incompétence de la juridiction civile à l'égard
d'une action en dommages-intérêts intentée à l'Etat, à l'occasion d'une blessure faite à un particulier par un cheval de
l'armée tenu par un militaire, lors d'une vente de chevaux de
réforme.*

(Tribunal des conflits, 2 juillet 1904.)

Vu l'arrêté en date du 11 mars 1904 par lequel le préfet du
département de l'Hérault a élevé le conflit d'attributions dans
l'instance pendante entre le sieur Tronc (Napoléon) et l'Etat, devant le tribunal civil de Béziers;

Vu l'exploit en date du 31 juillet 1902 par lequel le sieur Tronc
a assigné l'Etat, en la personne du préfet de l'Hérault, devant le
tribunal civil de Béziers pour entendre dire : attendu que le 8 no-

vembre 1901, au moment où il a été procédé, sur la place de la Citadelle, à la vente des chevaux réformés du 13e régiment de chasseurs, le sieur Tronc a été blessé par un de ces animaux, dont le brigadier qui le conduisait n'était plus maître; que l'Etat est tenu de réparer le préjudice causé par l'un de ses préposés; s'entendre en conséquence, ledit préfet ès qualités, condamner en 2.000 francs de dommages-intérêts et en tous les dépens;

Vu le déclinatoire présenté par le préfet du département de l'Hérault, le 19 décembre 1903, à la suite du rejet, par jugement du 11 novembre précédent, de ses conclusions tendant à ce que le tribunal se déclarât incompétent; ledit déclinatoire requérant le renvoi de l'affaire devant l'autorité administrative, par le motif que l'accident dont le sieur Tronc a été victime est survenu au cours et à l'occasion d'un service commandé et exécuté par un agent du Ministre de la guerre; que, dès lors, c'était à l'autorité administrative seule qu'il appartenait d'apprécier si la responsabilité de l'Etat était engagée à raison dudit dommage;

Vu les conclusions de la partie et le réquisitoire du procureur de la République;

Vu le jugement en date du 2 mars 1904 par lequel le tribunal civil de Béziers rejette le déclinatoire et se déclare compétent;

Vu le jugement de sursis prononcé par le tribunal civil de Béziers le 15 mars 1904 sur la communication qui lui a été donnée de l'arrêté de conflit;

Vu les lois des 16-24 août 1790 et 16 fructidor an III;

Vu les ordonnances du 1er juin 1828 et du 12 mars 1831, le règlement d'administration publique du 26 octobre 1849 et la loi du 24 mai 1872;

Considérant que, par exploit en date du 31 juillet 1902, le sieur Tronc a assigné le préfet de l'Hérault devant le tribunal civil de Béziers pour entendre dire que l'Etat qu'il représentait était responsable de la blessure occasionnée. au requérant le 8 novembre 1901, par la faute du soldat qui avait laissé échapper le cheval qu'il était chargé de faire manœuvrer au moment où il était procédé à la vente des chevaux réformés du 13e régiment de chasseurs, sur la place de la Citadelle;

Considérant qu'ainsi formulée, la demande du sieur Tronc tendait à faire déclarer l'Etat responsable tant de l'accident que des conséquences dommageables qu'il a eues, à raison d'une faute ou d'un défaut de surveillance dont se serait rendu coupable le brigadier par lui préposé à la conduite de ce cheval;

Considérant que, dans ces conditions, la faute aurait été commise au cours d'un service public commandé par l'autorité militaire; que l'appréciation, soit des ordres de cette autorité, soit des fautes qui auraient pu se produire à l'occasion de leur accomplissement, n'appartient pas à la juridiction civile; que c'est donc à bon droit que le préfet de l'Hérault a revendiqué pour l'autorité administrative la connaissance de la demande formée par le sieur Tronc contre l'Etat,

Décide :

Art. 1er. L'arrêté de conflit, en date du 11 mars 1904, est confirmé.

Art. 2. Sont considérés comme non avenus : 1° l'exploit introductif d'instance du 31 juillet 1902; 2° les deux jugements du tribunal civil de Béziers, en date des 11 novembre 1903 et 2 mars 1904.

* * *

Indemnités dues aux habitants pour le logement des gendarmes déplacés à l'occasion de grève.

(Avis du Conseil d'Etat, 20 juillet 1904.)

Les sections réunies de l'intérieur, des cultes... du Conseil d'Etat qui, sur le renvoi ordonné par le Ministre de l'intérieur, ont examiné la question de savoir si l'Etat doit une indemnité aux hôteliers et aubergistes de Vienne (Isère) qui ont eu à loger des gendarmes à l'occasion de la grève de 1902;

Vu les dépêches du Ministre de l'intérieur du 19 février, 19 avril et 17 juin 1904, ensemble le rapport du préfet de l'Isère du 9 avril 1904;

Vu les dépêches du Ministre de la guerre des 15 janvier et 9 juin 1904;

Vu les autres pièces produites;

Vu la loi du 3 juillet 1877 et le décret du 2 août de la même année, modifié par celui du 23 novembre 1886;

Vu l'avis du Conseil d'Etat du 6 juillet 1893, relatif aux frais de déplacement des troupes envoyées dans les communes en cas de grève;

Considérant que, sans contester que les frais occasionnés par le déplacement des troupes en cas de grève doivent être supportés par le ministère de la guerre pour le compte de l'Etat et non par les communes, les dépêches susvisées du Ministre de la guerre des 15 janvier et 9 juin 1904 exposant que le logement ou le cantonnement des troupes, exigibles en vertu de la loi du 3 juillet 1877 sur les réquisitions militaires, ne comporte aucune indemnité pour les habitants et n'entraîne, par conséquent, aucun frais pour l'autorité militaire, d'après l'article 31 du décret du 2 août 1877 modifié par le décret du 23 novembre 1886, lorsque le nombre de lits ou de places occupés dans une commune durant un même mois n'excède pas le triple des lits ou places portés sur l'extrait du tableau des ressources que la commune peut offrir pour le logement ou le cantonnement des troupes;

Mais, considérant qu'en vertu des articles 2 et 15 de la loi du 3 juillet 1877, la prestation du logement ou du cantonnement, qu'elle soit exigée par voie de réquisition ordinaire ou dans les formes prévues par le titre III, donne droit à une indemnité, sauf dans les trois cas spécialement déterminés par l'article 15:

Que la seconde et la troisième des exceptions admises par ledit article pour les troupes qui manœuvrent et pour celles qui sont rassemblées pendant la période de mobilisation s'appliquent indistinctement aux troupes en marche ou en station;

Qu'au contraire, la première exception est limitée aux troupes de passage, qui en bénéficient jusqu'à concurrence d'une durée maximum de trois nuits dans chaque mois; que c'est également aux seules troupes de passage que se réfèrent les dispositions précitées de l'article 31 du décret du 2 août 1877, qui n'ont eu et ne pouvaient avoir pour objet que de préciser les conditions d'application de cette exception; que, d'ailleurs, il résulte de l'article 32 tel qu'il a été modifié par le décret du 23 novembre 1886 que ces dispositions n'ont été édictées qu'à l'égard des municipalités et ne sont pas opposables aux habitants;

Considérant que, dans ces conditions, le logement et le cantonnement des troupes stationnées dans une commune à l'occasion d'une grève ouvre aux habitants le droit à une indemnité, alors même que le nombre de lits ou places occupés dans le courant d'un même mois serait resté inférieur au triple du nombre de lits ou places portés sur l'extrait du tableau des ressources de la commune;

Considérant en conséquence que, dans l'espèce, le Ministre de la guerre doit aux hôteliers et aubergistes de Vienne qui ont eu à loger des gendarmes à l'occasion des grèves de 1902, les indemnités calculées conformément au tarif inscrit dans l'article 33 du décret du 2 août 1877, modifié par le décret du 23 novembre 1886,

Sont d'avis :

Qu'il y a lieu de répondre au Ministre dans le sens des observations qui précèdent.

Arrêt rejetant un pourvoi introduit contre un arrêt prononçant l'incompétence de la juridiction civile à l'égard d'un gendarme qui avait blessé un manifestant en prenant part à une action de police.

(Cour de Cassation, chambre criminelle, 17 mai 1907.)

La Cour,

Ouï, M. le conseiller Laurent-Atthalin en son rapport et M. l'avocat général Lombard en ses conclusions;

Statuant sur le pourvoi du procureur général de Rennes contre l'arrêt de la Chambre des mises en accusation de cette cour du 30 avril 1907;

Attendu qu'aux termes de l'article 55 de la loi du 9 juin 1857, tout individu appartenant à l'armée en vertu soit de la loi de recrutement, soit d'un brevet ou d'une commission, est justiciable des conseils de guerre; qu'à l'égard des officiers de la gendarmerie, sous-officiers et gendarmes, l'article 59 de la même loi ne porte exception à cette règle que pour les crimes et délits commis dans l'exercice de leurs fonctions relatives à la police judiciaire et à la constatation des contraventions en matière administrative;

Attendu qu'en fait l'arrêt constate que, au moment où a eu lieu l'acte imputé à Postec, celui-ci faisait partie d'un détachement de gendarmerie dont le transport à Nantes avait été requis par le préfet pour maintenir l'ordre dans la ville et que le prévenu avait obéi, en empêchant le passage sur un point déterminé, à ce qui lui avait été commandé par le chef de ce détachement;

Qu'ainsi, dans la circonstance, l'action de la gendarmerie participait exclusivement de celle des divers éléments de la force publique à laquelle il avait été fait appel;

Que c'est donc à bon droit qu'il est déclaré dans l'arrêt que, au temps du fait poursuivi, le gendarme Postec n'était pas dans l'exercice de ses fonctions relatives à la police judiciaire et que, par suite, ledit arrêt a confirmé l'ordonnance par laquelle le juge d'instruction s'est déclaré incompétent;

Par ces motifs;

Et attendu que l'arrêt est régulier dans la forme,

Rejette, etc...

Ainsi jugé et prononcé, etc...

Instruction sur le mode de règlement des dégâts causés par les manœuvres et exercices.

Paris, le 17 août 1907.

I.

CLASSIFICATION DES MANOEUVRES ET EXERCICES SPÉCIAUX.

Conséquences du classement des manœuvres d'après les effectifs.

Art. Ier. Les manœuvres et exercices spéciaux se classent, au point de vue du droit au parcours des propriétés privées, en deux groupes.

Le premier groupe comprend les manœuvres et exercices d'ensemble des troupes de toutes armes visés par l'article 28 de la loi du 24 juillet 1873, dans lesquels l'effectif de la troupe est égal ou supérieur à celui d'une brigade et pour lesquels, conformément au titre IX du décret du 2 août 1877 (1), la date d'exécution fixée par le Ministre est notifiée à l'avance aux populations au moyen d'affiches portant ouverture du droit de réquisition.

Le sol des propriétés privées est frappé de servitude pour l'exécution de ces manœuvres ; mais les dégâts matériels qui sont causés aux récoltes, aux arbres, aux clôtures, etc., donnent lieu à payement d'indemnités.

Le deuxième groupe comprend toutes les manœuvres et les exercices militaires dans lesquels l'effectif est inférieur à celui d'une brigade. Ces manœuvres et exercices sont exécutés à

------

(1) Modifié par le décret du 25 juillet 1912 (vol. 70).

toute époque de l'année, sans publication préalable, pour l'instruction des cadres ou de la troupe.

Pour ces opérations, tous les dommages de quelque nature qu'ils soient, voire la simple privation de jouissance, donnent droit au payement d'une indemnité. Mais, au besoin, le droit de réquisition des prestations numérotées de 1 à 5 de l'article 5 de la loi du 3 juillet 1877 (1) peut être ouvert, à la condition de notifier à l'avance aux autorités civiles la date des mouvements et les communes intéressées.

II.

MANŒUVRES ET EXERCICES DU PREMIER GROUPE.

Constitution des commissions d'évaluation des dégâts.

Art. 2. Les dégâts occasionnés par l'exécution des manœuvres et exercices du premier groupe sont évalués par des commissions ayant la composition fixée par l'article 108 du décret du 2 août 1877 (2). Les membres militaires de ces commissions sont désignés quinze jours à l'avance au moins, avant le commencement des manœuvres ; ils sont choisis parmi les officiers prenant part aux manœuvres, soit par le directeur des manœuvres, s'il s'agit de manœuvres d'armée ou de groupe d'armée, soit dans tous les autres cas par les soins du commandant de corps d'armée sur le territoire duquel ont lieu les opérations.

Les membres civils sont choisis par le préfet du département sur le territoire duquel les commissions doivent opérer. Autant que possible, ils ne doivent pas avoir leur résidence dans la partie du département assignée à la commission ou avoir des propriétés dans cette région. Les désignations sont provoquées en temps utile par le directeur des manœuvres ou le général commandant de corps d'armée qui demande au préfet de tenir compte des deux considérations mentionnées ci-dessus.

Les membres civils sont invités, quinze jours à l'avance, à se tenir à la disposition du président de la commission qui les convoque ensuite. à jour dit, au lieu de réunion de la commission.

Un bicycliste militaire est mis à la disposition du président de la commission depuis le cinquième jour des manœuvres jusqu'à la terminaison des opérations de la commission sur le terrain.

Les commissions sont constituées pour opérer dans des terri-

---

(1) Codifiée par la loi du 23 juillet 1911 (vol. 70).
(2) Modifié par le décret du 25 juillet 1912.

toires définis, de façon à éviter que deux commissions différentes puissent être appelées successivement à fonctionner dans la
même localité. La même commission peut poursuivre ses opérations dans deux ou plusieurs départements, à la condition que
le membre civil soit remplacé à chaque changement de département.

Indications à fournir par le commandement aux présidents.

Art. 3. Le général directeur des manœuvres fait connaître à
la fin de chaque journée aux présidents des commissions intéressées, à l'aide d'indications portées sur la carte au 1/80.000
et de tous autres renseignements qu'il jugera utiles, les itiné-
raires suivis par les troupes, les zones où des manœuvres ont
eu lieu, et, dans la mesure du possible, les communes ou frac-
tions de communes comprenant des terrains de culture ayant
été parcourus.

Reconnaissance préalable des terrains.

Art. 4. Le directeur des manœuvres donne aux présidents son
avis sur l'utilité de procéder à une visite préalable des terrains
de certaines régions avant le passage des troupes, lorsqu'il a
des *motifs sérieux* de supposer que cette visite peut procurer
un important élément d'appréciation aux commissions. La commission n'est pas liée par cet avis ; elle peut d'ailleurs, de sa
propre initiative et conformément aux dispositions du 1er alinéa
de l'article 109 du décret du 2 août 1877 (1), reconnaître à l'a-
vance les terrains qui doivent être occupés, mais elle ne devra
user de cette faculté que dans les cas exceptionnels où il est à
prévoir que cette mesure est susceptible d'assurer un avantage au
Trésor.

Moyens de communication et de transport.

Art. 5. Les présidents de commissions sont autorisés à faire
usage de la poste, du télégraphe et du téléphone pour leurs
relations avec les maires, les chefs de brigade de gendarmerie,
les membres civils et les réclamants.

Le président est autorisé à louer une voiture pour le transport des membres de la commission à la suite des troupes.
Il est d'ailleurs spécialement recommandé à la commission de
faire usage le plus possible des voies ferrées ou des voitures
publiques pour se rendre d'un centre d'opération à un autre
centre, de façon à réduire au minimum les frais de location de
voitures. Les parcours en chemin de fer ou en voitures publi-

---

(1) Modifié par le décret du 25 juillet 1912.

ques effectués dans ces conditions n'ouvriront pas droit, pour les membres militaires, aux allocations du service de route. Mais ils ont droit, à l'exclusion de toute indemnité fixe, au remboursement des dépenses par eux faites pour le transport de leurs bagages (1).

La location d'une voiture automobile n'est autorisée que dans le cas assez rare où il serait établi que la location de ce genre de véhicule peut procurer une économie.

Travail préliminaire des présidents.

Art. 6. Dès qu'une commission est constituée, le président dresse un état des communes comprises dans la zone qui lui est assignée et y porte l'indication du siège de la brigade de gendarmerie dont elles dépendent. Il adresse ensuite à chaque chef de brigade :

1° Une note (modèle A) indiquant les opérations pour lesquelles il est fait appel au concours de la gendarmerie ;

2° Des imprimés de bordereaux récapitulatifs des communes dans lesquelles il a été déposé des réclamations (modèle B) ;

3° En nombre égal à celui des communes situées sur la circonscription de la brigade, des imprimés de certificats (modèle C) de dépôt à la mairie d'un nombre déterminé de réclamations.

D'autre part, il adresse par la poste à tous les maires une lettre (modèle A *bis*) leur rappelant les obligations qui leur incombent en ce qui concerne les dégâts occasionnés par les manœuvres et le cantonnement.

Levée et transmission des réclamations par la gendarmerie.

Art. 7. Conformément aux prescriptions de la note A, les gendarmes se rendront à la mairie dans la matinée du quatrième jour qui suivra le départ ou le passage des troupes. Ils présenteront au maire le certificat modèle B et, après avoir demandé la signature du maire sur ce certificat, ils retireront les réclamations individuelles.

Le commandant de brigade remplit, immédiatement après le retour des gendarmes, le bordereau récapitulatif des communes dans lesquelles des dégâts ont été l'objet de déclarations et y joint les certificats et réclamations individuelles. Puis il dépose à la poste le paquet des pièces enfermées dans une enveloppe portant la suscription suivante :

« M. le sous-intendant militaire président de la commission d'évaluation des dégâts des manœuvres, poste restante à..... »

Le nom de la localité est indiqué au chef de brigade soit par la lettre modèle A, soit par la lettre spéciale ultérieure. soit

---

(1) Alinéa complété (circ. du 4 janvier 1910, *B. O*, p. 6).

par avis téléphonique ou télégraphique du président. Celui-ci peut également inviter le chef de brigade à conserver le paquet jusqu'à une date indéterminée et faire prendre ce paquet par le cycliste de la commission.

Simplification dans le mode de levée des réclamations.

Art. 8. Lorsque, dans une ou plusieurs brigades, le président estime qu'il peut se passer du concours de la gendarmerie pour retirer les réclamations, il supprime l'envoi de la lettre A et avise le maire par la lettre A *bis* que les réclamations sont relevées par le cycliste militaire de la commission, qui lui présentera, pour être rempli et signé, un certificat modèle C.

Ordre des opérations de la commission.

Art. 9. Les commissions doivent être réunies sur le terrain dès le septième jour des manœuvres et commencer immédiatement leurs évaluations ; le président s'y rend dès le sixième jour.

Le président règle l'itinéraire de la commission en s'appliquant à suivre les troupes, mais en évitant toutefois, autant qu'il sera possible, d'opérer deux fois dans la même localité.

Les travaux de la commission ne sont pas interrompus le dimanche.

Le président de la commission tient un registre sur lequel il inscrit, au fur et à mesure des travaux dans chaque commune, les éléments du décompte des sommes allouées par la commission. Ce registre (modèle n° 1) porte la certification du maire en ce qui concerne les ayants droit à l'indemnité.

Payements effectués par le comptable.

Art. 10 Le comptable de la commission acquitte séance tenante, au moyen de l'avance de fonds mise à sa disposition par l'ordonnateur du service de l'intendance, sur les crédits de l'article spécial du chapitre des manœuvres et exercices techniques, les indemnités allouées par la commission et acceptées par les intéressés. Le payement a lieu sur émargement individuel d'un état affranchi du timbre de dimension et des timbres de quittances (modèle n° 2).

Le comptable acquitte également sur ces fonds les frais de location de voitures ainsi que les frais de transport en chemin de fer prévus à l'article 5, et les menues dépenses des commissions (frais de confection ou d'achat de formules, d'achat de timbres-poste, de taxes téléphoniques ou télégraphiques, etc.). Il rembourse sur-le-champ aux membres des commissions les sommes avancées par eux pour le transport de leurs bagages (1).

---

(1) Alinéa complété (circ du 4 janvier 1910).

Il justifie de l'emploi de son avance de fonds en mettant à l'appui du bordereau des pièces remises au payeur (1), l'état des payements (modèle n° 2) ainsi que des états certifiés par le président pour les taxes téléphoniques ou télégraphiques et les timbres-poste d'une part, et pour les frais de transport en chemin de fer ou par voitures publiques d'autre part. Les autres dépenses sont justifiées en la forme usuelle.

Le comptable ouvre, dès le commencement des opérations, un bordereau (n° 7 de l'instruction du 17 mars 1904 sur la liquidation) sur lequel il enregistre les avances successivement perçues ainsi que les diverses pièces de dépenses.

Indemnités revenant aux membres des commissions.

Art. 11. Les indemnités acquises aux membres militaires pour leur séjour sur le terrain, ainsi que leurs frais de route pour se rendre de leur résidence au lieu de convocation ou pour se rendre du lieu de dislocation à leur résidence, sont perçues suivant les règles particulières au service des frais de route, qui supporte la dépense.

La somme revenant au membre civil, tant pour indemnité spéciale qu'à titre d'indemnité kilométrique à plein tarif pour se rendre de sa résidence au lieu de convocation et pour se rendre du lieu de dislocation à sa résidence, est mandatée à son profit par le sous-intendant de la circonscription administrative dans laquelle cette résidence est située. La dépense est supportée par les crédits du service des frais de route. Un état indiquant le nombre de journées de présence sur le terrain et portant la certification du président est mis à l'appui du mandat de payement ainsi qu'un décompte de l'indemnité kilométrique.

Procédure devant les justices de paix.

Art. 12. La mission de représenter le Ministre devant le tribunal de paix, en cas de refus de l'offre de la commission, consigné sur l'état déposé à la mairie, incombe au fonctionnaire de l'intendance qui a présidé la commission.

Si le nombre des litiges est considérable, il pourra se rendre à l'audience de conciliation accompagné du comptable de la commission ou, en cas de dislocation de celle-ci, accompagné, s'il est possible, d'un officier porteur d'une avance de fonds. Cette avance de fonds est procurée soit par mandat, soit par la caisse d'un corps de troupe, sur l'ordre du général commandant de corps d'armée qui désigne en même temps l'officier. Il est, dans ce cas, formulé des offres de payement immédiat devant

---

(1) Modèle n° 37 annexé au décret du 3 avril 1869 (vol. 24).

le juge de paix. Il peut même être procédé au payement du montant des condamnations prononcées en dernier ressort.

Si le président de la commission a sa résidence dans une ville éloignée, il peut exceptionnellement demander, par la voie hiérarchique, au général commandant le corps d'armée sur le territoire duquel se trouve le tribunal de paix, à être remplacé par un fonctionnaire plus à proximité.

Le fonctionnaire de l'intendance, mandataire du Ministre, maintient les offres de la commission et s'applique à les justifier. Mais il a la faculté de transiger dans les limites qu'il juge conformes aux intérêts du Trésor.

Il n'est pas levé de copie des procès-verbaux de conciliation et des jugements définitifs pour être envoyés au Ministre. Mais il est levé des copies des procès-verbaux de non-conciliation et des jugements, lorsque l'importance de la demande dépasse 200 francs.

Actions devant les tribunaux de première instance.

Art. 13. Lorsque des litiges sont portés devant le tribunal de première instance, le directeur de l'intendance constitue immédiatement un avoué après accord avec le préfet, en conformité des prescriptions de la circulaire du 21 mai 1900. Il communique au Ministre la copie de l'exploit d'ajournement ainsi qu'un rapport du président de la commission sur les moyens propres à assurer la défense des intérêts de l'Etat. Si l'affaire est d'importance considérable ou présente quelque particularité, telle que contestation sur la qualité du demandeur, sur l'existence du dommage, impliquant présomption de dol, etc., il soumet des propositions pour la désignation d'un avocat.

Enfin, il est rappelé, au sujet de la procédure à suivre, que l'affaire devant être jugée sommairement dans tous les cas, par application des articles 54 et 26 de la loi du 3 juillet 1877, le sous-intendant militaire représentant l'Etat avec l'assistance de l'avoué sera toujours admis à présenter la justification des offres de la commission.

Prescriptions concernant l'exécution des jugements.

Art. 14. Il n'est jamais procédé à l'exécution d'un jugement en premier ressort ni même à celle des jugements définitifs des tribunaux de première instance sans autorisation ministérielle.

Archives de la commission.

Art. 15. Après la dislocation, le président de la commission reste dépositaire des archives de la commission qui, indépendamment des pièces de correspondance, comprennent le livre de détail des opérations, le duplicata de l'état des indemnités refusées, la minute du bordereau des pièces remises au payeur, la minute du bordereau trimestriel, etc.

Réclamations réglées sans l'intervention de la commission.

Art. 16. Lorsqu'il n'a été déposé que quelques réclamations de minime importance dans des localités qui ne sont pas tout à fait sur le trajet de la commission, le président se renseigne auprès du maire et de la gendarmerie sur la réalité et l'impor tance du dommage, puis il fait par correspondance des offres aux intéressés. Si l'accord peut s'établir, le comptable se transporte, à jour dit, dans un endroit déterminé de la commune, paye les intéressés et retire d'eux, indépendamment de leur émargement sur un état modèle nº 2, une déclaration conforme au modèle donné à l'article 18, stipulant qu'ils ont volontairement renoncé à l'intervention de la commission pour le règlement du dommage.

Si l'accord ne peut pas s'établir, la commission se transporte sur les lieux et formule une offre dans les conditions prescrites par le décret du 2 août 1877.

Manœuvres du premier groupe ne comportant pas la constitution de commissions.

Art. 17. Des manœuvres d'un effectif supérieur ou égal à une brigade peuvent être effectuées sans que la date d'exécution soit fixée par le Ministre et notifiée d'avance aux populations par voie d'affiches, si le consentement des propriétaires des terrains qui peuvent être traversés a pu être obtenu par écrit.

Dans ce cas, il est inutile de constituer des commissions pour l'évaluation des dégâts. Cette évaluation est opérée dans les conditions indiquées à l'article 21 pour les dégâts des manœuvres du deuxième groupe.

Cette facilité sera utilisée pour l'exécution des manœuvres de garnison autour des places où des effectifs élevés sont entretenus.

Défaut d'éléments pour constituer des commissions et difficulté du fonctionnement de certaines commissions.

Art. 18. En cas de manœuvres du premier groupe s'exécutant sur une région étendue ou se prolongeant pendant un temps considérable, il peut y avoir des difficultés et des inconvénients à constituer un groupe de commissions opérant en même temps et une économie importante pour le Trésor à éviter cette constitution.

Il y a lieu, dans un tel cas, de faire régler par les corps de troupe, pendant qu'ils sont encore présents sur le terrain, tous les dégâts au sujet desquels un règlement amiable avec les intéressés pourrait intervenir. Les réclamations au sujet desquelles l'entente ne pourra s'établir seront seules examinées par une commission.

Dans ce cas particulier, le nombre de commissions pourra être réduit dans une proportion très notable ; de plus, ces commissions, bien que constituées, ne se réuniront que sur la convocation du président et pour une courte durée dépendant du travail à accomplir. Plusieurs convocations espacées pourront avoir lieu au besoin.

Le sous-intendant militaire président de chaque commission, en adressant aux maires des lettres modèle A *bis*, les informera que les cultivateurs ayant droit à des indemnités pour dégâts seront, s'ils y consentent et si les circonstances le permettent, désintéressés directement et immédiatement par le corps qui aura commis les dégâts.

Les demandes d'indemnité rédigées en la forme prescrite par le modèle A *bis* seront, en conséquence, remises par les cultivateurs dans un délai de deux jours à partir du jour où les dégâts ont été commis. Si le corps de troupe accepte de régler la réclamation au taux indiqué ou s'il se met d'accord avec l'intéressé, il le paye immédiatement en portant sur la pièce la mention : *Réglé amiablement par le   ° régiment de   au chiffre de   *, et en y faisant apposer un acquit du modèle ci-joint :

« Le soussigné déclare renoncer volontairement au droit d'obtenir l'évaluation par une commission constituée selon les prescriptions de l'article 108 du décret du 2 août 1877 (1) des dégâts ci-dessus énumérés causés à ses propriétés ou à ses récoltes par les troupes dans la journée du

« Il déclare accepter le payement de la somme de en dédommagement de ces dégâts et renonce à toute réclamation ultérieure pour le même objet moyennant l'allocation de ladite somme dont il donne acquit.

« Fait à   , le   19   . »

Les demandes ainsi réglées sont récapitulées dans un bordereau (modèle F) et adressées par le conseil d'administration du corps au président de la commission qui remboursera le corps au moyen des fonds mis à sa disposition.

Le président de la commission appose un certificat de remboursement sur le bordereau et le retourne au corps de troupe pour être conservé dans sa comptabilité.

Si le chef de corps ne peut se mettre d'accord avec le culti-

---

(1) Modifié par le décret du 25 juillet 1912.

vateur, il lui rend sa demande que celui-ci devra déposer à la mairie, avant la fin du troisième jour, pour qu'elle y soit relevée, à l'effet d'être examinée par la commission en même temps que celles des cultivateurs qui n'auront pas voulu essayer d'un règlement amiable par le corps.

Il est formellement prescrit au président de la commission de rapprocher les demandes réglées directement par les corps des demandes déposées à la mairie afin de s'assurer qu'il n'y a aucun double emploi.

Lorsque le montant total des indemnités réclamées dans une commune dépasse 1.000 francs, il est expressément interdit aux chefs de corps de procéder à des règlements amiables. Dans ce cas, ils avertissent télégraphiquement le président de la commission, pour que celui-ci réunisse le plus tôt possible la commission sur les lieux. Le coût de la dépêche est remboursé par le comptable de la commission (1).

Manœuvres alpines.

Art. 19. Pendant la période ne comportant que des exercices de groupe séparés, d'un effectif inférieur à celui d'une brigade (marches-manœuvres de bataillons et de groupes isolés), les manœuvres alpines rentrent dans le deuxième groupe et il est fait application des règles formant l'objet des articles 22 à 24 de la présente instruction. Mais à partir du moment où les troupes sont réunies à un effectif égal ou supérieur à celui d'une brigade pour exécuter des opérations d'ensemble, les manœuvres alpines rentrent dans le premier groupe et nécessitent la publication et la formation de commissions selon les prescriptions de la loi du 3 juillet 1877.

En raison de la difficulté des communications dans la région alpestre, des pertes de temps qui en résultent, il sera, en général, avantageux de réduire au minimum le rôle des commissions. Par suite, après avoir avisé les maires de la faculté donnée aux habitants d'obtenir un règlement immédiat par les corps de troupe, il pourra n'être constitué qu'une commission par département, par application de l'article 18.

III

MANŒUVRES ET EXERCICES DU DEUXIÈME GROUPE.

Assentiment des propriétaires des terrains sur lesquels les manœuvres doivent avoir lieu.

Art. 20. Les propriétés privées n'étant point frappées d'une servitude légale pour l'exécution de ces manœuvres, il est né-

---

(1) Alinéa ajouté (circ. du 4 janvier 1910).

cessaire d'obtenir, pour ces manœuvres, l'assentiment implicite ou formel des propriétaires qui, au besoin, seront indemnisés de la simple privation de jouissance.

L'assentiment formel est constaté par une convention écrite. L'assentiment est réputé implicite lorsque les propriétaires, prévenus à l'avance, ne s'opposent pas à l'entrée des troupes sur leurs terrains ou n'interdisent pas ceux-ci par des signes apparents.

Sous le terme générique de privation de jouissance pouvant donner droit à indemnité à la requête du propriétaire, on comprendra la gêne apportée aux travaux de culture, à l'exploitation d'un bois, d'une carrière, etc.

Refus d'assentiment des propriétaires.

Art. 21. En cas de refus explicite de consentement de la part de certains propriétaires, comme dans le cas où les intéressés, après s'être abstenus de répondre, les propriétaires ou leurs préposés déclarant se conformer à des ordres exprès, s'opposeraient effectivement au passage des troupes, il y aura lieu de ne pas pénétrer sur le sol interdit. Il sera procédé de même si l'accès des terrains est interdit par des écriteaux ou autres signes non équivoques.

Mode d'évaluation des dégâts.

Art. 22. Le mode d'évaluation prévu par la loi du 3 juillet 1877 ne s'appliquant qu'aux manœuvres du premier groupe, il n'est pas constitué de commission d'évaluation à l'occasion des manœuvres et exercices du deuxième groupe.

Les dommages sont évalués peu après le passage des troupes par un officier du corps auquel ils sont imputables après que le chef de corps a contrôlé, au moyen de renseignements fournis par les commandants de compagnie, que les dégâts ont bien été causés par le passage des troupes.

L'officier chargé de la fixation des offres se fait assister d'un idoine civil, pris parmi les personnes de la région, offrant les garanties de capacité et de moralité désirables. Au besoin, des honoraires s'élevant à 5 francs pour chaque intervention d'une durée maximum de 3 heures peuvent être payés à cet idoine. Au delà de cette durée, chaque heure d'intervention donne lieu à une allocation supplémentaire de 2 francs.

En cas d'accord avec les intéressés, le payement a lieu incontinent, au moyen d'une avance de fonds faite à l'officier enquêteur par le conseil d'administration du corps. Celui-ci est ensuite·

remboursé du montant de la dépense sur la production d'un
relevé (modèle n° 33) (1) dans les conditions réglementaires.

Mesures à prendre en cas de refus des offres de l'officier enquêteur.

Art. 23. En cas de désaccord, la réclamation est transmise
par l'officier enquêteur, avec un rapport détaillé, au général
commandant le corps d'armée. Sur le vu de ces pièces, celui-
ci revise ou maintient le montant de l'offre ; sa décision est
notifiée à l'intéressé et au chef du corps de troupe. En cas
d'acceptation de la somme ainsi fixée, le payement a lieu sans
retard par les soins du conseil d'administration du corps de
troupe, à charge de remboursement sur les crédits budgétaires.

Refus de la somme arrêtée par le général commandant le corps d'armée.

Art. 24. En cas de non-acceptation de la somme arrêtée par
le général commandant le corps d'armée, le réclamant est invité
à reproduire sa demande sur papier timbré. Le dossier de l'affaire, complété par un exposé des motifs de la décision, est
adressé au Ministre avec tous renseignements complémentaires
qui pourraient être jugés utiles, sous le timbre de la Direction
du Contentieux et de la Justice militaire (1er bureau).

La décision du Ministre est ensuite notifiée au réclamant par
la gendarmerie au moyen d'un extrait de décision. Il est retiré
un récépissé de cette pièce. En cas de refus de signer un récépissé, il est dressé procès-verbal constatant la remise de la
pièce sans qu'il y ait lieu de consigner les motifs du refus. Enfin,
si l'intéressé refusait de recevoir la pièce, procès-verbal constatant la lecture de la pièce, puis son refus, serait dressé et
l'extrait en question serait laissé entre les mains du maire.

IV.

RÉCLAMATIONS AUXQUELLES DONNE LIEU LE CANTONNEMENT.

Distinction entre le logement ou le cantonnement et le bivouac.

Art. 25. Le logement et le cantonnement tels qu'ils sont définis par l'article 8 de la loi du 3 juillet 1877 sur les réquisitions,
sont l'installation des hommes, des animaux et du matériel dans
les maisons, écuries, bâtiments, remises ou abris, en un mot
dans un local couvert quel qu'il soit. Les règles pour le dépôt
des réclamations sont fixées par cette loi.

---

(1) Modèle n° 33 annexé au décret du 20 mars 1906 sur l'administration et la comptabilité des corps de troupe (vol 1).

Le bivouac est l'installation des hommes, des animaux et du matériel en plein air, autrement dit dans des endroits non couverts tels que champs, prairies, bois, etc. Les dégâts qu'il occasionne ne peuvent être considérés comme dégâts de cantonnement ; ils doivent être soumis à l'appréciation des commissions, si les troupes font partie d'une manœuvre du premier groupe. Lors de manœuvres du deuxième groupe ils sont réglés suivant les prescriptions des articles 22 et suivants.

Délai de déclaration des dégâts de logement ou de cantonnement.

Art. 26. Le délai de trois heures consécutivement au départ des troupes, pour le dépôt des réclamations à la mairie, ne doit être compté qu'à partir de 6 heures du matin lorsque le départ des troupes a lieu entre 6 heures du soir et 6 heures du matin.

Autorités compétentes pour le règlement des dégâts.

Art. 27. Les commissions constituées pour l'évaluation des dégâts des manœuvres ne sont pas compétentes pour *régler*, c'est à dire *solutionner* les réclamations auxquelles donnent lieu les dégâts de cantonnement, ce pouvoir étant réservé au Ministre ou au corps de troupe, selon que la valeur des dégâts doit être imputée à l'Etat ou être supportée par les fonds de la masse d'habillement du corps.

Dégâts de cantonnement pendant les manœuvres du premier groupe (1).

Art. 28. La commission d'évaluation des dégâts des manœuvres offrant des garanties toutes particulières pour l'évaluation des dégâts de cantonnement, les chefs de corps transmettent au président de cette commission :

1° Les procès verbaux relatifs à des dégâts tenant à la nature du cantonnement et par conséquent imputables à l'Etat ;

2° Les procès-verbaux constatant des dégâts pour lesquels des sommes importantes sont réclamées.

La transmission est opérée par le chef de corps *dès qu'il est saisi des pièces*. Le président avise le réclamant, par lettre recommandée ou remise par le bicycliste contre reçu, que la commission procédera, à jour dit, à l'estimation des dégâts.

La commission dresse un procès-verbal détaillé de son *estimation* et mentionne, en outre, lorsqu'il s'agit de dégâts signalés par les corps comme provenant de la nature du cantonnement, son avis sur le bien-fondé de la mise à la charge de l'Etat.

Le président adresse au général commandant le corps d'armée les deux procès-verbaux concernant ces dégâts (procès-verbal de constat contradictoire des dégâts et procès-verbal

---

(1) Voir page 136 la circulaire du 9 juin 1916 relative aux dégâts de cantonnement.

d'estimation) et envoie directement au chef de corps les deux procès-verbaux concernant les dégâts classés sous le numéro 2. Ces transmissions sont faites sur-le-champ, de façon à ne pas retarder le règlement des litiges.

Le général transmet au Ministre, avec son avis dûment motivé, les procès-verbaux relatifs aux réclamations classées sous le numéro 1. Le Ministre notifie sa décision à l'intéressé par l'intermédiaire des autorités militaires locales.

Les corps de troupe ne sont pas liés par l'estimation de la commission. Toutefois, il leur est recommandé de s'inspirer très largement de cette estimation dans le règlement du litige qui doit être opéré dans le plus court délai possible.

Dégâts de cantonnement pendant les manœuvres du deuxième groupe.

Art. 29. Les dégâts de cantonnement commis au cours des manœuvres du deuxième groupe sont évalués par un officier du corps.

- Le chef de corps s'applique à désigner un officier qui, par ses connaissances, peut offrir des garanties pour le respect des intérêts en cause. Au besoin, il peut faire assister l'officier par un idoine à qui une vacation débattue d'avance est offerte.

Dans le cas de réclamations importantes, il sollicite du général commandant de corps d'armée la désignation d'un officier du génie ou d'un officier d'administration du génie.

Il est procédé ainsi, notamment lorsque le corps estime que les dégâts doivent être imputés à l'Etat. Dans ce cas, la réclamation ou la liste des réclamations est, après instruction, transmise au Ministre par la voie hiérarchique avec un exposé motivé des circonstances des dégâts. Cet exposé détaillé est établi par le chef de corps et revêtu des propositions du commandant de corps d'armée.

Disparitions de grains, fourrages, bois de chauffage et comestibles.

Art. 30. Les réclamations fondées sur la soustraction de fruits, denrées, grains, fourrages, bois de chauffage, etc., ne peuvent être considérées comme des réclamations concernant des dégâts ; par suite, la déchéance ne leur est pas opposable dès le troisième jour après le départ des troupes. Mais, à défaut de preuve, la présomption sera d'autant plus difficilement admise que la réclamation sera plus tardive.

En principe, ces réclamations doivent être réglées par les corps. Dans les quatre premiers cas, la dépense est supportée par la masse d'habillement et, dans le cinquième cas, par la masse de chauffage.

Avant l'exécution des manœuvres comportant cantonnement, les commandants d'unité rappelleront aux hommes placés sous lcurs ordres, que les soustractions de fruits pendants sur l'arbre ou de récoltes pendantes sur racines sont des contraventions punies par l'article 475 du Code pénal, que les soustractions de denrées alimentaires, effets et objets sont des faits qualifiés vol au préjudice de l'habitant par l'article 248 du Code de justice militaire.

Accidents de personnes, d'animaux, dégâts de voiture.

Art. 31. Les accidents causés pendant les manœuvres par les militaires, par les chevaux de l'armée et par les tirs à blanc, aux particuliers ou à leurs animaux, et les dégradations à leurs voitures, sont instruits en conformité des prescriptions de la circulaire du 25 janvier 1912.

Il en est de même des accidents causés, par des particuliers ou par leurs animaux, à des militaires ainsi qu'à des chevaux de l'armée et des dégâts causés au matériel de l'armée par des chevaux appartenant à des particuliers.

Il est spécialement recommandé aux commandants d'unités de prendre note exactement des circonstances des accidents qui surviennent à des militaires en dehors de l'intervention de toute personne étrangère à l'armée, de façon à pouvoir fournir des renseignements dans le cas de demandes ultérieures de secours au sujet de ces accidents.

Incendie dans les bâtiments occupés par des militaires (1).

Art. 32. En cas d'incendie d'un bâtiment dans lequel des troupes sont logées ou cantonnées, il est immédiatement procédé par le chef de corps à une enquête administrative ayant pour objet de faire ressortir les conditions dans lesquelles le feu est apparu. L'officier préposé à l'enquête recueillera les dépositions individuelles des militaires logés ou cantonnés dans les bâtiments incendiés ainsi que celles des militaires qui auraient aperçu les premières lueurs. Il joint à ces témoignages les déclarations des propriétaires ou fermiers de l'immeuble, ainsi que toutes autres recueillies par la gendarmerie.

Le rapport est accompagné d'un croquis donnant la disposition des lieux ; il mentionne l'importance approximative des pertes et, s'il y a lieu, l'existence d'assurances.

Toute mise en demeure signifiée au préfet ou à une autorité militaire à l'effet de désigner un représentant pour participer à une expertise contradictoire est immédiatement adressée au Ministre (Direction du Contentieux et de la Justice militaire ;

---

(1) Texte nouveau arrêté par décision du 22 janvier 1913 (*B. O.*, t. 1ᵉʳ. 1914, p. 211). Voir page 82 la circulaire du 21 novembre 1916 relative aux renseignements à recueillir sur la situation des sinistrés.

1er Bureau). Le général commandant le corps d'armée dans la région duquel s'est produit l'incendie délègue immédiatement un officier du génie ou un officier d'administration du génie pour la constatation des dégâts d'immeubles et un fonctionnaire de l'intendance pour la constatation de la valeur des denrées meubles, effets et objets présumés incendiés.

Les mandataires du Ministre exigeront la consignation au procès-verbal d'une mention portant que leur présence à l'expertise n'implique, en quoi que ce soit, la reconnaissance de la responsabilité de l'Etat, laquelle est subordonnée à la décision ministérielle prise sur le vu des enquêtes ; que leur participation n'a pour objet que de faire valoir les observations que l'Etat pourrait avoir, le cas échéant, à présenter sur les opérations des experts, tant sur la réalité de certains dommages que sur les quantités et les prix d'unités.

Les mandataires du Ministre relatent au procès-verbal leurs observations personnelles lorsqu'elles ne sont pas admises par les experts ; ils adressent, sans retard, un compte rendu de l'opération.

Si les troupes qui occupaient le bâtiment incendié n'appartiennent pas au corps d'armée dans la région duquel l'incendie s'est produit, le soin de désigner les mandataires du Ministre incombe au général commandant ce corps d'armée. Par suite, le dossier de l'enquête administrative faite par les soins du chef de corps sera transmis à cet officier général pour être ensuite adressé par lui, avec le dossier d'expertise, à l'Administration centrale (Direction du Contentieux et de la Justice militaire, 1er Bureau).

Le général commandant le corps d'armée recherchera si une information judiciaire a été ouverte au sujet de l'incendie et, le cas échéant, mentionnera les conséquences de cette information.

Si la demande d'indemnité est signée du propriétaire de l'immeuble, le requérant sera invité à joindre à sa demande un certificat de non-inscription d'hypothèque ou de privilège et une déclaration attestant qu'il est ou n'est pas assuré. Cette dernière déclaration sera également demandée aux locataires qui réclameraient le remboursement de pertes subies par eux.

^e CORPS D'ARMÉE.

—

MANŒUVRES DE 19 .

—

Commission de règle-
ment des dommages cau-
sés aux propriétés pri-
vées.

MODÈLE A.

—

Instruction ministérielle
du 17 août 1907.

A   le   19 .

*Le Sous-Intendant militaire.   prési-
dent de la commission de règlement des dommages
causés aux propriétés privées pendant les manœuvres, d   au Commandant de la brigade
de gendarmerie.*

Les communes désignées ci-après, qui constituent votre arrondissement, seront très probable-
ment, occupées ou traversées par des troupes du
^e corps d'armée pendant les manœuvres

En exécution des ordres de M. le général
commandant le corps d'armée, vous voudrez bien
prendre les mesures nécessaires pour que, trois
jours après celui du passage ou du départ des
troupes. et pendant la matinée du premier jour
qui suivra ce délai, un gendarme se rende à la
mairie de ces communes.

Ce gendarme fera signer un des états de dépôt
ci-joint (modèle B) par le maire ou son adjoint,
après y avoir fait consigner le nombre des réclamations déposées à la mairie, par les habitants
de la commune. pendant les trois jours précédents En même temps. il se fera remettre toutes
les réclamations individuelles qui auront dû être
établies d'après le modèle indiqué à MM les maires
par le président de la commission des dégâts.

Dans le cas où aucune réclamation n'aurait été
faite on mettra le mot *Néant.*

Ces différentes notes vous seront remises à son
retour par le gendarme qui en sera porteur. ainsi
que toutes les réclamations individuelles dont le
chiffre sera accusé.

Les renseignements ainsi recueillis seront réca-
pitulés par vos soins sur l'état (modèle C) également ci-annexé. Je vous ferai savoir ultérieurement s'il convient que vous m'adressiez poste
restante, en un lieu déterminé et à jour dit. le
paquet des réclamations et l'état C ou s'il convient que vous le conserviez pour en faire la remise au vélocipédiste de la commission.

Je vous adresse, dès maintenant, tous mes
remerciements pour le concours que vous voudrez

bien me prêter dans cette circonstance Vous n'ignorez pas combien est importante la mission de la commission de règlement des indemnités. Je compte sur votre zèle habituel pour en faciliter l'exécution.

Ci-joints : un imprimé d'état récapitulatif. et imprimés à remplir par les maires, pour les communes de .....

ᵉ CORPS D'ARMÉE.

—

MANŒUVRES DE 19   .

—

Commission de règle-
ment des dommages cau-
sés aux propriétés pri-
vées.

Modèle A *bis*.

—

Instruction ministérielle
du 17 août 1907.

A   , le   19   .

Le Sous-Intendant militaire
président de la commission de règlement des dom-
mages causés aux propriétés privées pendant les
manœuvres d
à Monsieur le Maire de la commune de

Monsieur le Maire.

J ai l'honneur de vous informer qu'il vous sera présenté par la gendarmerie, ou par un cycliste militaire, le quatrième jour après le passage ou le stationnement des troupes dans votre commune, un état que vous aurez l obligeance de signer et qui présentera le nombre exact des demandes d indemnités qui vous auront été adressées dans les trois jours précédents.

A l'appui de cet état, vous voudrez bien remettre les réclamations individuelles formulées par les propriétaires intéressés.

Lesdites réclamations devront être écrites et présentées sous la forme d'état individuel du modèle ci après indiqué par l article 109 du décret du 2 août 1877 (1).

Le jour du passage de la commission sera ultérieurement notifié.

Vous voudrez bien également faire établir et conserver un état récapitulant toutes les réclamations des habitants de votre commune. et indiquant les endroits où auront été commis les dégâts.

Lorsque la commission se présentera je vous serai obligé de mettre à sa disposition le garde champêtre qui, muni de l'état récapitulatif precité, pourra la guider sur le territoire de la commune. lui évitant ainsi des courses inutiles et, par suite, des pertes de temps.

Enfin, je crois devoir insister tout particulière ment pour vous prier d'inviter vos administrés à ne pas exagérer à dessein les chiffres de leurs réclamations, comme cela se produit chaque année d'une manière générale, et pour que. dans la mesure du possible, ils n'enlevent pas les récoltes qui auraient pu être foulées ou endommagées, privant ainsi la commission de tout élément d'appréciation.

---

(1) Modifié par le décret du 25 juillet 1912.

Je vous rappelle qu'aux termes de l'article 107 du décret du 2 août 1877, il vous appartient :

1° De faire publier et afficher dans la commune l'époque des manœuvres :

2° D'inviter les propriétaires de vignes ou de terrains ensemencés ou non récoltes à les indiquer par un signe bien apparent ;

3° De prévenir les habitants que ceux dont les vignes ou cultures auraient été endommagées par suite de manœuvres ou de bivouac doivent déposer à la mairie, dans les trois jours qui suivent le passage des troupes, une réclamation présentée dans la forme rappelée ci-dessus dont je vous communique un modèle-type.

Je vous serai obligé de vouloir bien ajouter, au sujet des dégâts de cantonnement :

1° Que les commissions d'évaluation n'ont pas le pouvoir de régler, c'est-à-dire de faire des offres, mais qu'en vertu de l'instruction du 17 août 1907, ces commissions ont mandat d'examiner les réclamations concernant les dégâts que les corps proposent de mettre à la charge de l'Etat, ainsi que les réclamations importantes ;

2° Que l'intervention de cette commission pour l'évaluation des dégâts de cantonnement a pour objet de supprimer la constitution spéciale d'un idoine en vue de l'estimation de ces dommages et que d'ailleurs la mesure donne toute garantie aux intéressés :

3° Que les habitants ayant présenté des réclamations au sujet des dégâts de cantonnement dont l'examen appartient à la commission pour les motifs sus-indiqués, seront personnellement avertis, par lettre du président, du jour du passage de la commission :

4° De prévenir les habitants qui auraient eu à donner abri aux militaires et aux chevaux de l'armée dans leurs bâtiments, qu'en ce qui concerne les dégâts de cantonnement, le délai n'est que de trois heures, mais que ce délai sera compté à partir de 6 heures du matin, lorsque les troupes partiront entre 6 heures du soir et 6 heures du matin.

Enfin, de porter à la connaissance du public, que l'accès des propriétés privées n'est pas ouvert aux personnes désirant assister aux opérations des manœuvres et que l'Administration de la guerre se refusera formellement à prendre à sa charge les dégâts qui n'auraient pas été causés par les troupes.

Je vous remercie, Monsieur le Maire, du concours que vous voudrez bien prêter à la commission pour l'exécution de sa tâche et vous prie d'agréer l'assurance de ma parfaite considération.

Les quatre alinéas numérotés 1°, 2°, 3°, 4°, seront imprimés en caractères gras

MODÈLE-TYPE DE RÉCLAMATION.

NOMS ET PRÉNOMS DU RÉCLAMANT.	DATE de la réclamation.	SOMME RÉCLAMÉE par dégât.	NATURE des récoltes qui ont été endommagées.	SUPERFICIE du dégât.	LIEU ou se trouve situé le dégât.	DIRECTION par rapport au village	OBSERVATIONS
1	2	3	4	5	6	7	8
		fr.		Hect. Ares.			
							Les indications qui figurent dans les colonnes ci-contre sont données à titre d'exemple.
Dubois (Pierre-Antoine)	15 septembre	50 »	Luzerne.	0,80	Clos Vougeot.	Nord.	
		30 »	Betteraves.	1 20	Lamarinière.	Est.	
		150 »	Pommes de terre.	0 30	Vieille-Vigne.	Sud.	
		60 »	Sainfoin.	0,60	Les Essarts	Ouest.	
	Total....	290 »					

Modèle B.
—
Instruction ministérielle
du 17 août 1907.

DÉPARTEMENT D

ARRONDISSEMENT D

CANTON D

COMMUNE D

Le territoire de la commune d
a été traversé ou occupé par [1]
pendant la journée du [2]

En raison des dommages causés aux propriétés privées par le passage ou le stationnement des troupes, il a été fait à la mairie par les ayants droit, et dans le délai de trois jours accordé par la loi,

[3]   réclamation   .

A   , le   19   .

Le Maire,

[1] Désigner le corps de troupe.
[2] Mettre le nom du jour et la date
[3] Mettre *Néant* ou indiquer le nombre de réclamations.
Les réclamations relatives aux dégâts et dommages occasionnés par les troupes dans leurs logements ou cantonnements doivent être adressées, à peine de déchéance, à l'officier laissé a la mairie dans les trois heures qui suivent le départ des troupes (article 14 de la loi du 3 juillet 1877).
Les soustractions de paille, de bois, de fruits et de denrées sont l'objet de réclamations présentées dans les mêmes conditions, l'officier laisse a la mairie établit un procès-verbal constatant le fait ou relatant la réclamation.

Monsieur le Sous-Intendant,
Président de la commission de règlement des indemnités.

e CORPS D'ARMÉE.

MODÈLE C.

MANŒUVRES DE 19   .

Instruction ministérielle
du 17 août 1907.

COMPAGNIE DE GENDARMERIE D

ARRONDISSEMENT D

Brigade d

ÉTAT RÉCAPITULATIF des réclamations faites par les habitants des communes ci-dessous, après le passage ou le stationnement des troupes pendant les manœuvres.

NOMS DES COMMUNES	NOMBRE de RÉCLAMATIONS dans chaque commune.	OBSERVATIONS
1	2	3

Les avis relatifs à chaque commune ont été remplis et signés par les Maires, conformément aux renseignements ci-dessus.

A   , le   19   .

Le Commandant de la brigade.

Monsieur le Sous-Intendant militaire, Président de la commission de règlement des indemnités, Poste restante à

—

MANŒUVRE DE 19

—

Commission de regle
ment des dommages cau-
sés aux propriétés pri-
vées.

MODÈLE D.

—

Instruction ministérielle
du 17 août 1907.

En exécution de l'article 109 du decret
du 2 août 1877[1], le Sous-Intendant militaire Président de la commission des dommages causés aux propriétés privées pendant les manœuvres de
a l'honneur d'informer Monsieur le Maire
de la commune d
que cette commission se présentera à la
mairie de   dans
la journée du   septembre prochain [2]
pour statuer sur les réclamations qui ont
été faites par les habitants à la suite de
ces manœuvres.

Prière de vouloir bien en informer les
intéressés.

(1) Modifié par le décret du
25 juillet 1912.
(2) Quand le Président de la
comm'sion pourra le faire avec
certitude, il indiquera l heure
exacte de l'arrivée de la commission.

A   , le   19

Le Sous-Intendant militaire,

Monsieur le Maire de la commune d

ᵉ CORPS D'ARMÉE.

MANŒUVRES DE 19 .

Commission de règle"
ment des dommages cau"
sés aux propriétés pri"
vées.

MODÈLE E.

Instruction ministérielle
du 17 août 1907.

DÉPARTEMENT d

ARRONDISSEMENT d

CANTON d

COMMUNE d

Monsieur le Maire de la commune
de   a présenté
aujourd'hui à la commission de règlement
des dommages causés aux propriétés pendant les manœuvres

un état individuel relatif à la réclamation
faite le   par M.

M.   demande une indemnité de

La commission a l'honneur de prier
M. le Maire de vouloir bien informer
M.   qu'elle ne peut
donner suite à sa réclamation (1).

A   . , le

Pour les Membres de la commission

Le Sous-Intendant militaire, Président,

---

(1) Indiquer les motifs de la déchéance.

e CORPS D'ARMÉE

MODÈLE F.

Art. 18 de l'instruc-
tion ministérielle du
17 août 1907.

MANŒUVRES DU PREMIER GROUPE.

RÉGIMENT D

BORDEREAU d'envoi à la commission d'évaluation des demandes d'indemnités pour dégâts réglées amiablement et payées par le corps à titre d'avance.

NOMS des CRÉANCIERS.	COMMUNE ou LOCALITE.	MONTANT du REGLEMENT.	OBSERVATIONS.
			Retourné le présent bordereau et remboursé, ce jour, à la caisse du régiment d la somme de A , le 19 . *Le Président de la commission d'evaluation,*
TOTAL..................			

ARRÉTÉ à la somme de   le présent bordereau dont le montant **a été inscrit** en dépense au **registre-journal** sous le nº

A   , le   19 .

Le Trésorier (ou L'Officier payeur).

Inscrit au registre-journal sous le nº

A   , le   19

Le Tresorier,

MODÈLE Nº 1.

—

Art. 8 de l'instruction
ministériel'e du 17
août 1907.

ᵉ CORPS D'ARMÉE.

(1)

(2)

LIVRE DE DÉTAIL des récoltes, produits ou travaux agricoles endommages par les exercices ou manœuvres exécutés du   19 au   par l (2)   , conformément à l'article 28 de la loi du 24 juillet 1873.

Toutes les réclamations doivent être portées sur cet état. dont l'établissement est prescrit par l'article 110 du décret du 2 août 1877 (3).

Conformément aux prescriptions de l'article 110, la commission y insère les renseignements nécessaires pour permettre d'apprécier la nature et l'étendue du dommage, toutes les fois que cette mesure lui paraît utile, et notamment dans les circonstances suivantes : 1º lorsque les ayants droit aux indemnités refusent de recevoir la somme offerte; 2º lorsque ces mêmes ayants droit ne se présentent pas ; 3º lorsque les indemnités doivent être consignées ; 4º lorsque la demande d'indemnité lui semble dépourvue de fondement.

Les ayants droit, en cas d'empêchement, doivent se faire représenter par des tiers munis d'une autorisation établie sur papier libre, et sur laquelle la signature desdits ayants droit aura été légalisée par le maire.

Ces représentants peuvent en outre, percevoir les indemnitées allouées s'ils y sont régulièrement autorisés. Toutefois, leur émargement devra être appuyé soit de cette autorisation, soit d'une copie.

---

(1) Indiquer le departement ou le numéro de la commission
(2) Indiquer le corps ou la fraction de corps qui exécute les exercices ou manœuvres.
(3) Modifié par le décret du 25 juillet 1912.

NUMÉROS D'ORDRE des dommages constatés.	NOMS ET DOMICILES des PROPRIÉTAIRES, fermiers ou autres ayants droit.	COMMUNES SUR LE TERRITOIRE desquelles les propriétés sont situées.	DÉFINITION DU DOMMAGE.	MONTANT de L'INDEMNITÉ fixée par la Commission.	LE MAIRE soussigné certifie que les personnes inscrites dans la 2e colonne sont les véritables ayants droit.	MENTION DU PAYEMENT, du refus de recevoir de l'absence de l'ayant droit ou de la consignation.	OBSERVATIONS DIVERSES
1	2	3	4	5	6	7	8

Arrêté le présent livre de détail à la somme de

A   , le   19

Les Membres de la Commission,

Modèle N° 2

—

Art. 9 de l'instruction
ministérielle   du
17 août 1907.

ᵉ CORPS D'ARMÉE.

(1)

(2)

ÉTAT des payements effectués par le (3)   *dans la
journée du*   19 *, en présence de la
commission, pour dommages causés aux propriétés privées par
les exercices ou manœuvres d* (2)

Cet état, destiné à justifier les payements effectués, conformément aux prescriptions de l'article 110 du décret du 2 août 1877 (4), est établi en double expédition. Lecture devra être donnée à chaque intéressé de la déclaration qu'il signe en émargeant. Le maire est tenu de faire connaître à la commission les véritables ayants droit aux indemnités. Dans le cas où des récoltes endommagées sont frappées de saisie-brandon, il signale cet état de choses et remet copie du procès-verbal de saisie. Les indemnités afférentes à ces récoltes sont réservées, pour être consignées lors de la liquidation des comptes de la commission. Cette consignation est faite à charge par le saisi de fournir la déclaration contenue dans l'état émargé.

---

(1) Indiquer le département ou le numéro de la commission.
(2) Indiquer le corps ou la fraction de corps qui a exécuté les exercices ou manœuvres
(3) Indiquer le comptable chargé du payement.
(4) Modifié par le décret du 25 juillet 1912

NUMÉRO du livre de détail.	NOMS ET DOMICILES des AYANTS DROIT.	DÉFINITION SOMMAIRE des dommages.	SOMMES DUES d'après le livre de détail.	LES SOUSSIGNÉS reconnaissent avoir reçu les sommes ci-contre, se déclarent entièrement indemnisés des dommages causés par les troupes, et renoncent à toute action ultérieure contre le Département de la guerre.
1	2	3	4	5

A reporter...........

NUMÉRO du livre de détail.	NOMS ET DOMICILES des AYANTS DROIT.	DÉFINITION SOMMAIRE des dommages.	SOMMES DUES d'après le livre de détail.	LES SOUSSIGNÉS reconnaissent avoir reçu les sommes ci-contre, se déclarent entièrement indemnisés des dommages causés par les troupes, et renoncent à toute action ultérieure contre le Département de la guerre.
1	2	3	4	5
		Report....		
		Total,.		

Arrêté le présent état à la somme de

À , *le* 19 .

Le (1)

Certifié exact :

Les Membres de la commission,

(1) Indiquer ici le comptable chargé du paiement.

MODÈLE N° 3.

Instruction ministérielle
du 17 août 1907.

ᵉ CORPS D'ARMÉE.

(1)

(2)

ETAT des indemnités qui n'ont pas été acceptées séance tenante pour dommages causés aux propriétés privées, par les exercices ou manœuvres exécutés du   au   19   , par l (2)   sur le territoire de la commune d*

Aux termes de l'article 110 du décret du 2 août 1877 (3), une expédition de cet état doit être remise au maire qui est tenu de mettre les intéressés en demeure de les accepter ou de les refuser dans un délai de quinze jours. A l'expiration de ce délai, le maire transmet cet état au président de la commission avec les réponses qui lui sont parvenues. En vue d'éviter des contestations ultérieures, il est instamment recommandé aux maires de retirer des intéressés un récépissé constatant que notification leur a été faite de l'offre de la commission, lorsqu'ils ne remettent pas sur-le-champ une déclaration d'acceptation ou de refus.

Une deuxième expédition doit être annexée au livre de détail et rester entre les mains du fonctionnaire de l'intendance militaire, président de la commission, qui assure le paiement des indemnités refusées, mais en exigeant le désistement mentionné sur l'état modèle n° 2.

---

(1) Indiquer le département ou le numéro de la commission.
(2) Indiquer le corps ou la fraction de corps qui a exécuté les exercices ou manœuvres.
(3) Modifié par le décret du 25 juillet 1912.

NUMÉROS D'ORDRE du livre de détail modèle n° 1.	NOMS ET DOMICILES DES PROPRIÉTAIRES, FERMIERS ou autres ayants droit.	DÉFINITION DU DOMMAGE.
1	2	3

MONTANT de l'INDEMNITÉ fixée par la Commission,	NOMS DES PROPRIETAIRES, FERMIERS OU AUTRES AYANTS DROIT		OBSERVATIONS DIVERSES.
	qui acceptent l'indemnité offerte.	qui refusent l'indemnité offerte.	
	5	6	7

Arrêté le présent état à la somme de
et transmis au Maire de la commune d

A   , le   19   .

Le Membre de la Commission,

Arrête par le Maire de la commune d
et renvoye au Président de la Commission.

A   , le   19   .

Le Maire de la commune d

*Conditions de la participation des officiers du génie ou du corps
de l'intendance aux expertises de dégâts et pertes mobilières
causés par les incendies.*

Paris, le 9 mai 1916.

L'attention des officiers des services du génie et du **corps de**
l'intendance qui procèdent à l'expertise des dégâts occasionnés
par les incendies est appelée d'une façon toute particulière sur
les formules imprimées que présentent à leur signature la plupart des compagnies d'assurances.

Certains de ces imprimés, notamment les actes de nominations
d'experts, parfaitement rédigés dans l'intérêt des compagnies,
ne portent pas seulement mention du mandat donné aux experts
de constater et d'estimer les pertes subies·par les sinistrés; ils
présentent encore une disposition attribuant aux dits experts, la
mission de *rechercher la cause et l'origine* du sinistre, de vérifier si les énonciations de la police correspondent au risque
réel, si la valeur des objets détruits est conforme à celle portée
au contrat et contiennent même parfois d'autres clauses analogues qui varient avec chaque société. Il est ajouté généralement qu'en cas de désaccord entre eux sur l'un des points ci-
dessus ils s'adjoindront une tierce personne qui, en principe,
devra les départager.

Il peut y avoir de graves inconvénients à ce que les officiers
que vous aurez à commettre, soit en exécution des dispositions
de la circulaire du 14 février 1916 (non insérée), soit par application de l'article 32 de l'instruction du 17 août 1907 (voir
page 43), signent, même sous les réserves d'usage, des clauses
de ce genre, qu'elles soient relatives à l'assurance, à l'enquête ou
à la nomination d'un tiers expert.

Un président de tribunal statuant en référé a estimé que,
par ces signatures, l'autorité militaire acceptait la procédure
prescrite par ces écrits et s'engageait à substituer à sa libre
appréciation celle d'experts choisis ou présentés en majorité
par l'incendié et son assureur, c'est-à-dire par ceux dont l'intérêt
est de faire supporter à l'Etat la charge du sinistre.

De ce fait, les droits du Département de la guerre peuvent se
trouver déjà compromis lorsque le dossier, régulièrement constitué, est soumis à l'examen du Ministre.

Aussi, est-il indispensable que ces officiers ne perdent pas
de vue qu'ils ont *uniquement* pour mission de réunir des élé-

ments d'appreciation sur le montant du sinistre, aussi sûrs que possible, et qu'ils doivent toujours mentionner à la fin du devis les réserves prévues par les divers documents susvisés, quant à la responsabilité et au montant des pertes.

Il leur appartient d'ailleurs de consigner dans un rapport spécial et distinct non communiqué aux intéressés les réflexions que leur aurait suggérées l'examen des lieux ou les faits venus à leur connaissance, mais jamais ils ne devront laisser aux sinistrés ou à leurs assureurs une pièce susceptible d'entraver ou de limiter le libre arbitre du Ministre, qu'elle soit relative à la question de responsabilité ou à celle de l'évaluation des dégâts.

Circulaire relative aux renseignements à recueillir sur la situation des sinistrés au cours de l'enquête relative à un incendie de cantonnement.

Paris, le 21 novembre 1916.

Dans tous les cas d'incendie de cantonnement, il est nécessaire de déterminer exactement la personnalité du propriétaire ou des propriétaires de l'immeuble. Cette détermination exige un ensemble des renseignements qui sont indiqués dans le tableau ci-après à dresser par le commissaire-rapporteur chaque fois qu'il aura procédé à l'enquête sur lieux ou par le sous-intendant militaire chargé de l'expertise.

RENSEIGNEMENTS

à recueillir sur la situation des sinistrés au cours de l'enquête rela-
tive à un incendie survenu le   , à
dans un immeuble appartenant à M

Troupes cantonnées dans l'immeuble au moment de l'incendie

Etat civil et domicile des sinistrés (1) ...

Capacité civile (2).....................

Marié........
- Acte de mariage ou livret de famille.
  - Noms, prénoms, mariage vérifiés
  - sur   pour   et
  - sur   pour
- Contrat de mariage.....
  - Contrat passé devant M*
  - notaire à   le
  - Régime de la

Veuf ou veuve
- Extrait de l'acte de décès du conjoint ou livret de famille.
  - Le décès de
  - a été vérifié au moyen de
- Noms, prénoms et date de naissance des enfants.

---

(1) Mentionner la nationalité.
(2) Mentionner, le cas échéant, le jugement prononçant l'interdiction, la faillite ou la liquidation judiciaire, mentionner également l'internement dans un asile d'aliénés, les jugements constituant un sequestre pour les biens de l'etranger appartenant aux pays en guerre avec la France

Déclaration, signée du requérant et certifiée exacte par deux habitants de la commune qu'il n'est pas ou n'est plus engagé dans les liens du mariage. Signatures légalisées par le maire.

Marié le   à

sous le régime de

séparé ou divorcé par

Divorcé ou séparé.

Acte de mariage, jugement de séparation ou divorce.

jugement du tribunal de

en date du   ou par

arrêt de la cour de   en

date du

Déclaration, comme ci-dessus, attestant qu'il n'y a pas de lien de mariage (1).

Justification de la propriété.

Se faire présenter tous titres susceptibles de justifier de la propriété pendant les trente dernières années ou un acte notarié à une date moins ancienne établissant l'origine de propriété (2).

Modalités aux droits de propriété.

Conventions matrimoniales ou successorales, indivision, mitoyenneté.

---

(1) Dans le cas d'union non régularisée par le mariage, les intéressés devront indiquer s'ils ont subi des pertes propres.

(2) Donner la description exacte des actes, en indiquant s'ils ont été présentés.

Inscription hypothécaire.

Demander au conservateur des hypothèques le certificat prévu par l'art. 2196 du code civil (1)

Immeuble X.....

Certificat hypothécaire au nom de et de

Immeuble Y.....

Certificat hypothécaire au nom de et de

Libération de toute obligation envers les propriétaires.

Se faire présenter toutes pièces (quittances, reçus) prouvant la complète exécution des obligations imposées au propriétaire lorsque la transmission remontera a moins de 10 ans.

Donation, entre vifs ou entre époux.

Vérifier et mentionner les obligations imposées au donataire ou à l'acquéreur (2).

Partage anticipé, adjudication judiciaire.

(Réserve d'usufruit)....

Police d'assurance (3).

___

(1) Les certificats devront viser tous les creanciers, y compris le Crédit Foncier de France.
(2) Mentionner la nature et la date des actes, ainsi que le nom du notaire rédacteur.
(3) Indiquer avec precision les articles de la police touchés par le feu, avec la mention « destruction totale » ou « partielle ».

RENSEIGNEMENTS COMPLÉMENTAIRES.

Si le sinistré ne peut justifier de ses allégations par pièces écrites suffisantes,
recueillir tous témoignages, renseignements et papiers de famille ;

Faire toutes les investigations pour déterminer le propriétaire de l'immeuble,
du matériel agricole ou commercial,
du cheptel, des récoltes, du mobilier,
etc...

Désigner les pièces examinées, les constatations opérées.

Conséquences de l'incendie... ....

Mentionner si une information judiciaire
est ouverte.

Accidents causés par les gardes républicains mis à la disposition des administrations.

(Avis du Conseil d'Etat, séance du 11 mars 1908.)

Les sections réunies des finances, sur le renvoi qui leur a été fait par le Ministre de la guerre, d'une question sur le point de savoir si l'Etat représenté par l'administration de la guerre est. dans tous les cas, responsable pécuniairement des dommages causés aux personnes ou aux choses par des militaires de la garde républicaine au cours d'un service commandé, ou s'il est dégagé de toute responsabilité, lorsque les faits dommageables se sont produits pendant l'exécution d'un service d'estafette pour le transport des correspondances de l'Hôtel-de-Ville.

Considérant que la dépêche du Ministre de la guerre, en date du 9 janvier 1908, soulève seulement la question de savoir à qui, de l'Etat ou de la ville de Paris, peut incomber la responsabilité pécuniaire des conséquences d'un accident causé par un militaire de la garde républicaine pendant l'exécution d'un service d'ordre municipal, alors qu'aucun fait de négligence ni d'imprudence n'est relevé;

Qu'il résulte de la jurisprudence du Conseil d'Etat statuant au contentieux, qu'en cas de responsabilité pour des dommages causés par des agents qui assurent à la fois des services généraux et des services municipaux, il faut, pour déterminer la personne morale qui doit supporter la charge des condamnations, rechercher si les faits ou les accidents dommageables ont été accomplis dans l'intérêt d'un service général ou d'un service municipal;

Que le service d'estafette pour le transport des correspondances de l'hôtel de ville constitue l'exécution d'un service d'ordre exclusivement municipal; qu'en conséquence, il semble que ce soit à l'administration de la ville de Paris qu'incombe la responsabilité pécuniaire d'un accident survenu au cours de ce service,

Sont d'avis :

Qu'il y a lieu de répondre au Ministre de la guerre dans le sens des observations qui précèdent.

Arrêt reconnaissant la compétence de la juridiction civile pour statuer sur une demande d'indemnité formée par un particulier mis dans l'impossibilité d'exercer son commerce, par suite d'un cantonnement de troupe dans ses locaux.

(Tribunal des conflits, 22 mai 1909)

Au nom du Peuple français,

Le Tribunal des conflits,

Vu l'arrêté, en date du 25 février 1909, par lequel le préfet du département de la Seine a élevé le conflit d'attributions dans une instance pendante devant le tribunal civil de la Seine, entre le sieur Frémont, directeur de la société anonyme l'Auto-Vélodrome d'Hiver, occupant, en vertu d'un contrat passé avec la ville de Paris, une portion de la galerie des machines, d'une part, et le Ministre de la guerre et le préfet de la Seine d'autre part;

Vu les exploits, en date des 26 et 28 octobre 1907, par lesquels le sieur Frémont ès qualités assigne : 1° le Ministre de la guerre, représentant l'Etat, et 2° le préfet de la Seine, représentant la ville de Paris, et, en tant que de besoin, le département et l'Etat, à l'effet d'obtenir leur condamnation conjointe et solidaire au paiement d'une somme de 6.000 francs, à titre d'indemnité, à raison du préjudice résultant de l'occupation du Vélodrome d'Hiver, pendant dix-neuf jours, par la troupe appelée à Paris, en prévision des troubles que pouvaient amener les manifestations du 1er mai 1906;

Vu le jugement, en date du 1er décembre 1908, par lequel le tribunal civil de la Seine, contrairement aux conclusions du Ministre de la guerre, se déclare compétent et renvoie au mois pour être statué au fond;

Vu le déclinatoire présenté le 6 janvier 1909, par le préfet de la Seine, et tendant à ce que le tribunal se déclare incompétent, attendu que les dommages allégués ne rentrent pas dans les cas prévus par la loi du 3 juillet 1877 sur les réquisitions militaires, et pour lesquels elle a institué une procédure spéciale et attribué compétence à l'autorité judiciaire; que le fait qui a donné naissance à ces dommages est l'occupation d'un immeuble dans l'intérêt de l'ordre public et que c'est à la juridiction administrative seule qu'il appartient de connaître des demandes d'indemnités fondées sur l'existence de préjudices de cette nature;

Vu les conclusions du procureur de la République;

Vu le jugement, en date du 16 février 1909, par lequel le tribunal civil de la Seine rejette le déclinatoire et se déclare **compétent**, par les motifs que la loi du 3 juillet 1877 est générale et s'applique à toutes les réquisitions militaires; que l'énumération des prestations exigibles par voie de réquisition, contenue dans l'article 5 de ladite loi, n'est pas limitative;

Vu le sursis ordonné le 9 mars 1909, par le tribunal de la Seine sur la communication à lui faite de l'arrêté de conflit ci-dessus visé;

Vu les pièces desquelles il résulte que les formalités prescrites par l'ordonnance du 1er juin 1828 ont été accomplies et que le dossier est parvenu à la chancellerie le 27 mars 1909;

Vu, en date du 5 mai 1909, les observations du Ministre de la guerre tendant à la confirmation de l'arrêté du conflit;

Vu la loi du 3 juillet 1877 et le décret du 2 août 1877, modifié par le décret du 23 novembre 1886 dans ses articles 23, 30, 31, 32 et 33, et par le décret du 3 juin 1890 dans ses articles 10, 34 et 35;

Vu la loi des 16-24 août 1790 (titre II, art. 13) et le décret du 16 fructidor an III;

Vu les ordonnances du 1er juin 1828 et 12 mars 1831, le règlement d'administration publique du 20 octobre 1849, la loi du 4 février 1850 et la loi du 24 mai 1872;

Ouï M. Baudenet, membre du tribunal, en son rapport;

Ouï Me Regray, avocat, en ses observations;

Ouï M. Mérillon, commissaire du gouvernement, en ses conclusions;

Considérant que la demande formée par le sieur Frémont devant le tribunal de la Seine tend à obtenir une indemnité à raison du dommage qui lui aurait été causé par le cantonnement dans le Vélodrome d'Hiver de troupes appelées à Paris en prévision des troubles que pouvaient amener les manifestations du 1er mai 1906; qu'il soutient que l'exploitation commerciale du Vélodrome qu'il avait établi dans une partie de la galerie des machines à lui louée par la ville de Paris, a été rendue impossible pendant cette période et qu'en outre une perte de clientèle en est résultée pour lui;

Considérant qu'aux termes de l'article 2 de la loi du 3 juillet 1877, toutes les prestations, en vertu de réquisitions, donnent droit à des indemnités représentatives de leur valeur; que les indemnités dues pour le cantonnement sont réglées suivant le mode prévu par les titres III et V de la loi précitée et les articles 23 à 33 du décret du 2 août 1877, et qu'en vertu du dernier paragraphe de l'article 32 les contestations qui peuvent s'élever au sujet du règlement de l'indemnité ainsi calculée seront jugées conformément aux articles 26 de la loi et 56 du décret précités, c'est-à-dire par l'autorité judiciaire; qu'il résulte de l'ensemble de ces dispositions que cette compétence ne s'applique, en ce qui concerne le cantonnement, qu'aux difficultés relatives à la fixation, suivant les règles ci-dessus rappelées, de l'indemnité correspondant aux places occupées, qui représente la valeur de la prestation fournie et que cette compétence ne s'étend pas aux dommages de toute nature qui pourraient être la conséquence de l'occupation, sauf à ceux qui auraient été directement causés par les troupes dans leurs cantonnements, dommages qui ont été spécialement prévus par l'article 14 de la loi du 3 juillet 1877;

Mais, considérant que le sieur Frémont fonde sa demande d'indemnité sur ce que le Vélodrome d'Hiver qu'il exploitait a été occupé en temps de paix par la troupe pendant dix-neuf jours et sur ce qu'il a été ainsi troublé dans la jouissance d'un immeuble qu'il détenait en vertu d'un contrat; que cette demande, à raison de la nature des droits auxquels il aurait été porté atteinte par cette occupation, rentre dans la compétence de l'autorité judiciaire et que, dès lors, l'arrêté de conflit doit être annulé,

Décide :

Art. 1er. L'arrêté de conflit ci-dessus visé, élevé à la date du 25 février 1909 par le préfet du département de la Seine, est annulé.

Art. 2. Expédition de la présente décision sera transmise au garde des sceaux, Ministre de la justice, qui est chargé d'en assurer l'exécution.

*Circulaire relative au paiement des frais d'instances engagées
devant les tribunaux de paix au sujet d'affaires concernant le
service des réparations civiles.*

(Direction du Contentieux et de la Justice militaire.)

Paris, le 19 juin 1909.

Les frais de premier avertissement et d'assignation devant
les tribunaux de paix, ainsi que tous autres frais d'instance immédiatement exigibles au sujet d'affaires concernant le service
des réparations civiles, sont acquittés, quand il est nécessaire,
par le fonctionnaire de l'intendance chargé de représenter le
Département de la guerre et de suivre l'instance, au moyen de
fonds avancés par un corps de troupe de la résidence de ce
fonctionnaire.

Le corps intéressé est remboursé des avances de cette nature
en fin de trimestre, sur la production d'un relevé de dépenses
appuyé des pièces justificatives dont le montant est imputé sur
les crédits des réparations civiles.

———————◆———————

*Arrêt rejetant une demande d'indemnité formée par un officier
de réserve blessé dans une manœuvre et bénéficiaire d'une
pension à ce titre.*

(Conseil d'Etat, 21 janvier 1910.)

Au nom du Peuple français,

Le Conseil d'Etat statuant au contentieux;

Sur le rapport de la deuxième sous-section du contentieux;

Vu la requête sommaire et le mémoire ampliatif présentés par
le sieur Isidore Bally, demeurant à Paris, 8, rue Margueritte,
ladite requête et ledit mémoire enregistrés au secrétariat du contentieux du Conseil d'Etat, les 11 août 1906 et 13 mars 1907, et
tendant à ce qu'il plaise au Conseil annuler une décision, en
date du 20 juin 1906, par laquelle le Ministre de la guerre a rejeté la demande d'indemnité qu'il avait formée à raison d'un
accident dont il a été victime en service commandé.

Ce faisant, attendu que, dans la nuit du 24 au 25 juin 1903, au
cours d'une attaque simulée du village de Cheinery, le requérant, qui servait en qualité de lieutenant de réserve au 14e régi-

ment de dragons, eut l'œil gauche arraché et le maxillaire supérieur brisé par un violent coup de bâton; que cet accident est dû à la faute de l'officier qui dirigeait la défense du village et qui, au mépris de tous les règlements, avait armé ses hommes de bâtons pour qu'ils en fissent usage contre le parti adverse; que, en admettant qu'il puisse être exact que, ainsi que le soutient le Ministre de la guerre, la seule réparation qui soit due par l'Etat pour les blessures reçues en service commandé soit l'allocation d'une pension de retraite dans les conditions prévues par la loi du 11 avril 1831, il n'en saurait être ainsi lorsque l'accident a été incontestablement causé par une faute grave de service public; qu'il ne saurait en être ainsi, surtout en ce qui concerne les officiers de réserve, qui n'appartiennent pas d'une façon permanente à l'armée; qu'il suit de là que c'est à tort que le Ministre de la guerre a décidé que le sieur Bally ne pouvait prétendre à aucune indemnité en réparation du préjudice qui lui a été causé; que, en tenant compte, tant des frais médicaux qu'a dû faire le requérant que de l'impossibilité où il est désormais de reprendre son ancien emploi, l'indemnité à laquelle il a droit doit être fixée à 200.000 francs.

Condamner l'Etat à payer au sieur Bally la somme de 200.000 francs avec intérêts de droit;

Le condamner, en outre, aux dépens;

Vu la décision attaquée;

Vu les observations présentées par le Ministre de la guerre en réponse à la communication qui lui a été donnée du pourvoi, lesdites observations enregistrées comme ci-dessus, le 5 septembre 1907, et tendant au rejet de la requête par le motif que la responsabilité de l'Etat, à raison des accidents survenus aux militaires en service commandé, est déterminée par le titre II de la loi du 11 avril 1831, dont les dispositions sont applicables aux militaires de la réserve et de l'armée territoriale, en vertu de l'article 2 de la loi du 1er juin 1878; que ces dispositions ne prévoient d'autre réparation que l'allocation d'une pension de retraite dans les cas et les conditions fixés aux articles 12 à 14; que, dès lors. le sieur Bally, qui a obtenu, par application desdits articles, une pension d'infirmité, dont il ne conteste d'ailleurs pas le montant, n'est pas fondé à demander qu'il lui soit alloué, en outre, une indemnité en capital.

Vu enregistrees comme ci-dessus, le 4 décembre 1909, les observations nouvelles présentées pour le Ministre de la guerre et tendant au rejet de la requête par les moyens précédemment analysés;

Vu les autres pièces produites et jointes au dossier;

Vu la loi du 11 avril 1831 et la loi du 1er juin 1878;

Ouï M. Despeaux, auditeur, en son rapport;

Ouï Me Gault, avocat du sieur Bally, et Me Regray, avocat du Ministre de la guerre, en leurs observations;

Ouï Me Saint-Paul, maître des requêtes, commissaire du gouvernement, en ses conclusions;

Considérant que le sieur Bally soutient qu'une indemnité lui est due par l'Etat, à raison de l'accident dont il a été victime le 24 juin 1903, au cours d'une période de manœuvres qu'il accomplissait comme officier de réserve, tant à titre de remboursement des frais médicaux qu'il a supportés que de réparation du préjudice permanent qui lui a été causé;

Mais, considérant que, d'une part, le requérant, qui a été traité à l'hôpital militaire de Sedan, à la suite de l'accident, ne justifie pas qu'il n'ait pas dépendu de lui de continuer à recevoir de l'autorité militaire les soins médicaux qui lui étaient nécessaires; que, d'autre part, les règles relatives à la responsabilité de l'Etat, à raison des blessures reçues par les militaires de l'armée de terre dans un service commandé, se trouvent fixées, non par les articles 1382 et suivants du Code civil, mais par les dispositions spéciales du titre II de la loi du 11 avril 1831, lesquelles sont, en vertu de l'article 2 de la loi du 1er juin 1878, applicables aux militaires de la réserve et de l'armée territoriale; que ces dispositions ne prévoient d'autre réparation, pour le préjudice causé par lesdites blessures, que l'allocation d'une pension de retraite, dans les cas et dans les conditions spécifiés aux articles 12 et 18 de la loi du 11 avril 1831;

Qu'il suit de là que le sieur Bally, à qui il a été concédé, en conformité des articles précités, une pension dont il ne conteste d'ailleurs pas le montant, n'est pas fondé à demander qu'il soit alloué, en outre, une indemnité en capital, à raison de l'accident dont il s'agit,

Décide :

Art. 1er. La requête susvisée du sieur Bally est rejetée;

Art. 2. Expédition de la présente décision sera transmise au Ministre de la guerre.

Lu en séance publique le 21 janvier 1910.

Arrêt instituant à l'égard des tiers reconnus responsables d'accidents survenus à des militaires l'obligation de garantir l'Etat des pensions servies à ces militaires.

(Cour de cassation, 7 mars 1911.)

La Cour,

Ouï, en l'audience publique des 22 février, 6 mars 1911 et en celle de ce jour, M. le conseiller Rau, en son rapport; Me Cail, successeur de Me Devin, et Me Regray, avocats des parties, en leurs observations respectives, ainsi que M. Lombard, avocat général, en ses conclusions, et après en avoir immédiatement délibéré conformément à la loi;

Sur les deux moyens réunis :

Attendu qu'il résulte des constatations de l'arrêt attaque, d'une part, que Castets, soldat réserviste, a été blessé dans un accident, dont la responsabilité incombe à la Compagnie des chemins de fer du Midi, qui a été condamnée de ce chef à payer à la victime une indemnité de 25.000 francs; et, d'autre part, qu'un décret en date du 27 mars 1900 a alloué, en raison du même accident une pension annuelle de 900 francs à Castets, en qualité de militaire blessé dans un service commandé;

Attendu que la Cour de Paris, saisie, à la suite de ces faits, d'une demande de dommages-intérêts formée par le Ministre de la guerre, au nom de l'Etat, contre la Compagnie des chemins de fer du Midi, a condamné cette dernière à lui payer le capital nécessaire au service de la pension; que le pourvoi soutient que cette décision serait contraire à la loi : 1° parce qu'elle aurait reconnu un droit à indemnité au profit de l'Etat, alors que le dommage invoqué par celui-ci ne résultait pas directement de l'accident et avait au contraire sa cause dans une obligation étrangère à la Compagnie de chemin de fer; 2° en ce que, dans tous les cas, la Cour de Paris aurait alloué à l'Etat une indemnité supérieure au montant du dommage par lui subi;

Mais, attendu, sur le premier point, que l'auteur, ou celui qui est civilement responsable d'un délit ou d'un quasi-délit, est tenu envers toute personne de réparer le dommage, quelle qu'en soit la nature, qui a été causé à cette dernière par le fait illicite; que la faute dont la Compagnie de chemin de fer a été déclarée responsable a eu pour conséquence de substituer une dette immédiatement exigible à l'obligation simplement conditionnelle existant auparavant à la charge de l'Etat, relativement à la constitution d'une pension au profit de Castets; que ladite faute a donc causé directement à l'Etat un dommage actuel dont celui-ci était en droit de demander la réparation, aux termes de l'article 1382 du Code civil, et qu'en admettant le principe de sa réclamation, l'arrêt attaqué n'a fait qu'une exacte application de la loi;

Attendu, sur le second point, que les juges du fond, en estimant, d'après les circonstances de la cause que le montant du dommage causé à l'Etat par le fait de la Compagnie était égal au capital nécessaire à la constitution de la pension allouée à Castets, a donné de l'importance de ce préjudice une évaluation qui échappe au contrôle de la Cour de cassation.

D'où il suit qu'en statuant, comme il l'a fait, l'arrêt attaqué n'a violé aucun des textes de loi visés par le pourvoi;

Par ces motifs,

Rejette le pourvoi.

Circulaire relative aux avances à faire par les corps de troupe aux commissions d'évaluation des dégâts des manœuvres et aux commissions d'évaluation des indemnités revenant aux riverains des champs de tir.

(Direction du Contentieux et de la Justice militaire.)

Paris, le 21 mars 1911.

Aux termes de l'article 54 de la loi du 3 juillet 1877, modifiée par la loi du 17 avril 1901, les indemnités pour dégâts causés par les grandes manœuvres doivent être payées sur les lieux et à bureau ouvert.

Il importe donc que les comptables des commissions d'évaluation des dégâts soient pourvus d'une provision d'argent leur permettant de faire face aux besoins.

Or, il arrive parfois que, pour des causes diverses, les ordonnateurs secondaires ne disposent pas des crédits nécessaires pour l'ordonnancement, en temps opportun, des avances à délivrer aux comptables en question.

Dans ce cas, pour ne pas retarder ou interrompre le fonctionnement des commissions, des avances pourront être effectuées momentanément par un ou plusieurs corps de troupe, à ces commissions, dans le but d'assurer l'exécution des prescriptions légales susvisées.

Ces avances seront ensuite remboursées directement, en espèces, par les comptables intéressés aux corps qui auront fourni les fonds.

A cet effet, dès que les ordonnateurs secondaires disposeront des crédits nécessaires, ils mandateront immédiatement, au nom des officiers comptables des commissions d'évaluation, une somme au moins égale au montant des avances faites par les corps de troupe.

Ces comptables pourront donc rembourser immédiatement en deniers ou par mandat du Trésor les corps intéressés ; ils justifieront ensuite, suivant les formes ordinaires, de l'emploi de la somme perçue par eux au Trésor, afin que les commissions conservent la responsabilité qui leur incombe et que les corps de troupe n'aient point à produire un relevé modèle n° 37, appuyé de pièces de dépenses non engagées par eux.

Toutefois, la faculté de recourir aux ressources financières des corps de troupe ne devra être employée qu'en cas de nécessité absolue.

En conséquence, ladite faculté ne pourra être ouverte que par le général commandant le corps d'armée, sur la proposition du directeur de l'intendance et sous réserve de rendre compte de la mesure à l'administration centrale.

A défaut de crédits délégués, des payements de créances incombant au crédit des indemnités pour dégâts des manœuvres et exercices techniques pourront également, en cas d'urgence, être effectués directement par les corps en vertu d'une décision ministérielle spéciale.

Circulaire relative aux indemnités revenant aux membres des conférences ou commissions réunies au sujet des tirs et au payement des indemnités dues aux riverains des champs de tir.

(Direction du Contentieux et de la Justice militaire.)

Paris, le 27 mai 1911.

I. — ALLOCATIONS AUX MEMBRES MILITAIRES DES CONFÉRENCES D'ORGANISATION DES CHAMPS DE TIR.

Les membres militaires des conférences d'organisation des champs de tir ont droit, lorsqu'ils se déplacent pour l'organisation des champs de tir, aux allocations du service des frais de déplacement; les mandats sont imputables sur le crédit inscrit au chapitre des exercices et manœuvres pour frais de déplacement.

Les membres civils de ces conférences n'ont droit à aucune allocation sur les fonds du budget de la guerre.

II. — ALLOCATIONS AUX MEMBRES DES COMMISSIONS D'ÉVALUATION CONSTITUÉES A L'OCCASION DE TIRS.

Les membres des commissions d'évaluation constituées à l'occasion d'exercices de tir ont droit aux indemnités du service des frais de déplacement pour se rendre du lieu de leur résidence dans la place dont dépend le champ de tir; les mandats sont imputés sur les crédits de déplacements ordinaires. Pour se rendre de cette place au champ de tir, ils n'ont pas droit à l'indemnité kilométrique : ils font usage de tramways, voitures publiques ou voitures de location aux frais de l'administration de la guerre. La dépense est avancée par le comptable et justifiée dans ses écritures par une quittance du voiturier ou par une déclaration du président s'il n'a pu être retiré de quittance; elle incombe au crédit qui supporte les indemnités aux cultivateurs.

Les membres militaires et le membre civil ont droit, pour le trajet de la place au champ de tir, le séjour sur le terrain et le trajet de retour, à l'indemnité journalière fixée par le décret sur les frais de déplacement; les mandats sont imputables sur le crédit des frais de déplacement spéciaux au service des réparations civiles.

III. — REMISES DE FONDS AU COMPTABLE DE LA COMMISSION D'ÉVALUATION.

Les fonds nécessaires au payement sur les lieux des indemnités revenant aux riverains des champs de tir sont mis à la disposition de l'officier d'administration membre de la commission d'évaluation au moyen d'un mandat d'avance émis par le service de l'intendance, au titre du crédit des dégâts des manœuvres et exercices spéciaux.

Toutefois, en cas d'urgence ou de nécessité, il pourra être fait application des dispositions de la circulaire du 21 mars 1911.

IV. — INTERDICTION DES RÈGLEMENTS AMIABLES D'INDEMNITÉS PAR LES SOINS DES COMMANDANTS DE CORPS.

Il est formellement interdit aux chefs de corps de procéder au règlement amiable des indemnités revenant aux riverains des champs de tir permanents, temporaires ou de circonstance.

Arret rejetant la demande de dommages-intérêts introduite contre l'Etat par un individu blessé en résistant par la force à des agents de l'Etat exécutant leur service.

(Conseil d'Etat, 7 juillet 1911.)

Le Conseil d'Etat,

Considérant qu'il résulte de l'instruction qu'en résistant par la force aux injonctions du préposé des douanes Midaly, le sieur T... s'est rendu coupable du délit d'opposition à l'exercice des fonctions de la douane prévu par les articles 14 du titre XIII de la loi des 6-22 août 1791 et 2 du titre IV de la loi du 4 germinal an II;

Considérant que si, au cours de la lutte provoquée par sa résistance, le requérant a été blessé à l'œil et à la main droite, cet accident, dans les circonstances où il s'est produit, ne peut être attribué à une faute de l'administration; que, dès lors, l'Etat ne saurait en être déclaré responsable; que, par suite, le requérant n'est pas fondé à demander l'annulation de la décision par laquelle le Ministre des finances a rejeté sa demande d'indemnité,

Décide :

La requête du sieur T... est rejetée.

Circulaire relative au règlement des dégâts causés aux propriétés particulières par les exercices aéronautiques.

(Direction du Génie et Direction du Contentieux et de la Justice militaire.)

Paris, le 22 novembre 1911.

Les dégâts et dommages causés aux propriétés particulières par les manœuvres aéronautiques ne sauraient être considérés comme des faits de gestion des établissements de l'aéronautique militaire, car ils surviennent au cours d'exercices militaires, en dehors de ces établissements et par cas fortuits.

Dans ces conditions, ils doivent donner lieu au payement d'une indemnité à titre de réparation civile.

En vue de faciliter et d'accélérer le règlement des réclamations d'indemnité de ce genre, on se conformera à l'avenir aux dispositions ci-après :

1° Le règlement est fait sur les lieux par les soins (1) :

a) Du pilote d'aéronef, toutes les fois que l'aéronef reprend l'air ou est dépanné en sa présence;

b) Du chef de l'équipe de dépannage lorsqu'il opère en l'absence du pilote.

Il est mis, à cet effet, à leur disposition par les comptables des établissements, des fonds à prélever sur l'avance qu'ils reçoivent à ce titre sur les crédits des réparations civiles.

2° L'estimation du dégât est supérieure à 50 francs,
mais ne dépasse pas 2.000 francs (2).

Le règlement est fait par les soins du chef de l'établissement dont dépend le pilote d'aéronef ou le chef d'équipe de dépannage (1) si le lieu du dommage est situé dans un rayon de 50 kilomètres autour dudit établissement; par les soins du général commandant le corps d'armée si le dommage s'est produit à une plus grande distance.

A cet effet, le pilote d'aéronef ou le chef d'équipe de dépannage (1) se borne à délivrer aux intéressés un certificat descriptif, aussi précis que possible, des dégâts commis et adresse immédiatement au chef de l'établissement ou au commandant de corps d'armée, suivant le cas, un rapport contenant les mêmes indications.

En cas de non-acceptation de la somme arrêtée par le chef de l'établissement ou le commandant de corps d'armée, d'après l'avis de l'idoine appelé à opérer une évaluation, le propriétaire lésé sera invité à rédiger une demande sur papier timbré et le dossier sera transmis au Ministre (Direction du Contentieux et de la Justice militaire; 1ᵉʳ Bureau : Contentieux et Réparations civiles). Il y a lieu d'observer, en effet, qu'il s'agit de réclamations d'ordre contentieux et que l'intéressé a le droit absolu d'obtenir une décision ministérielle, susceptible de recours au Conseil d'Etat.

3° L'estimation est supérieure à 500 francs.

Le dossier, établi comme ci-dessus et accompagné des avis des différentes autorités militaires, est transmis au Ministre sous le timbre indiqué au paragraphe précédent

---

(1) Rectificatif du 14 août 1923 (*B. O.*, p. 2260).
(2) Rectificatif du 1ᵉʳ juin 1923 (*B. O.*, p. 1574).

*Instruction relative aux mesures à prendre, aux droits et respon-
sabilités des militaires, en cas d'accidents de personnes ou
d'animaux et de dégâts matériels.*

(Direction du Contentieux et de la Justice militaire.)

Paris, le 25 janvier 1912.

OBJETS DIVERS DE LA PRÉSENTE INSTRUCTION.

Art. 1er. Les demandes d'indemnités de plus en plus nombreuses présentées à l'Administration de la guerre, à l'occasion de
dégâts matériels et d'accidents survenus à des personnes ou à
des animaux, du fait de militaires accomplissant un service commandé ou exécutant des exercices, de même que les recours à
exercer par l'Etat vis-à-vis de tiers, pour des accidents à des
militaires, à des chevaux de l'armée, ou pour des dégâts à du
matériel, ne peuvent souvent recevoir une solution qu'après un
échange de correspondances ayant pour objet la production de
renseignements complémentaires ou de pièces justificatives qui
auraient pu être recueillies au cours de l'instruction initiale des
affaires.

Les mêmes retards sont imposés parfois à la solution des réclamations d'indemnités concernant des dégâts aux objets mobiliers, maisons, bois, récoltes, etc..., causés dans les mêmes conditions par des militaires ou par des chevaux et des attelages de
l'armée.

Pour éviter les pertes de temps et le surcroît d'écritures que
comportent ces correspondances, comme pour faciliter les opérations d'instruction des affaires de l'espèce, le Ministre a arrêté
les dispositions suivantes concernant :

PARTIE I.

Les recommandations communes à tous les services.

PARTIE II.

Les mesures à prendre immédiatement en cas d'accidents.

PARTIE III.

L'exercice des droits et responsabilités de l'Etat, du tiers et des militaires, en cas d'accident, les poursuites judiciaires à engager.

PARTIE IV.

La constitution des dossiers relatifs :

1° Aux accidents de personnes causés par des militaires ainsi que par des chevaux ou des attelages de l'armée, et inversement aux accidents causés à des militaires par des personnes étrangères à l'armée, par les chevaux et les attelages de ces personnes;

2° Aux accidents causés à des animaux appartenant à des personnes étrangères à l'armée, par des militaires ou par des animaux de l'armée;

3° Aux accidents causés à des animaux de l'armée par des personnes étrangères à l'armée ou par des animaux leur appartenant;

4° Aux dégâts causés à des objets mobiliers, à des marchandises et à des immeubles appartenant à des personnes étrangères à l'armée, par des militaires ou par des animaux de l'armée;

5° Aux dégâts causés à du matériel ou à des immeubles de l'armée, par des personnes étrangères à l'armée ou par des animaux leur appartenant;

6° Aux dégâts causés dans des habitations particulières par les vibrations dues aux tirs des pièces d'artillerie des ouvrages fixes;

7° Aux accidents de chemin de fer ayant occasionné des blessures à des militaires ou à des animaux de l'armée;

8° Aux accidents survenus à bord des bateaux à des militaires ou à des animaux de l'armée;

9° Aux dégâts matériels ou privation de jouissance d'immeubles occupés lors des concentrations de troupes motivées par des grèves ou troubles politiques.

PARTIE V.

La délégation de pouvoir du Ministre pour le règlement de certaines catégories de dégâts matériels.

Dans le développement de ces chapitres, on s est appliqué à faire la distinction des divers cas particuliers.

PARTIE I.

Recommandations communes à tous commandants d'armes, chefs de corps ou de service en matière d'accident.

Enseignement élémentaire des principes de la circulation.

Art. 2. Des instructions intérieures d'un caractère élémentaire seront faites dans les unités, sur les parties de la présente instruction visant les obligations incombant, en cas d'accident, aux **chefs de détachement ou de convois**, aux conducteurs de voitures **isolés, aux militaires isolés** circulant à pied, à cheval ou à bicyclette.

Cette instruction rappellera les règles générales de la police du roulage sur les routes nationales et les chemins de grande communication ainsi que les dispositions spéciales relatives à la circulation formulées par le maire dans la place pour l'application des articles 475 (n° 3) et 479 (n° 2) du Code pénal.

Inopportunité de provoquer des réclamations.

Art. 3. L'Administration de la guerre n'a pas à aller au-devant des demandes d'indemnités. Les intéressés ne devront donc jamais, à moins de circonstances exceptionnelles, être invités à présenter des demandes; mais, même dans le cas où il n'y a pas de réclamation de leur part, il est procédé à l'accomplissement des mesures prescrites à la partie IV de la présente circulaire, afin de réunir des éléments d'appréciation certains, pour le cas où le Ministre serait ultérieurement saisi d'une réclamation d'indemnité.

Des pièces à fournir sur papier timbré.

Art. 4. Les réclamations adressées au Ministre directement ou par l'intermédiaire des autorités militaires locales doivent toujours être formulées par mémoire écrit sur papier timbré (loi du 13 brumaire an VII, art. 12).

Si cette dernière formalité n'a pas été observée, la réclamation devra être retournée à son auteur; celui-ci sera invité à se conformer à cette loi qui prescrit, à peine d'amende, de rédiger sur papier timbré les mémoires et pétitions adressées aux Ministres.

Mais si les intéressés avaient à réclamer une somme inférieure à 10 francs pour la réparation d'un grief, les autorités militaires, pour éviter la formalité du timbre, sont autorisées à ins-

truire des demandes verbales et à transmettre des propositions
à l'administration centrale.

Les factures ou mémoires produits à titre de pièces justificatives, dont le montant a été soldé par les réclamants, sont
exempts de la formalité du timbre de dimension et ne sont as-
treints qu'à celle du timbre de quittance, lorsqu'il y a lieu. Les
signatures apposées sur ces pièces doivent être légalisées.

Les demandes ne tendant qu'à l'obtention d'un secours sont
exemptes de la formalité du timbre de dimension. En cas de
demande de ce genre, il conviendra toujours, lorsqu'il s'agira
d'un fait dommageable, sur la responsabilité duquel le Ministre
n'aura pas eu à se prononcer, d'inviter les intéressés à déclarer
s'ils entendent demander une indemnité, c'est-à-dire faire valoir
un droit, ou obtenir un secours, c'est-à-dire une allocation gra-
cieuse.

Toute invitation aux intéressés de produire des pièces justificatives doit toujours être formulée, sous réserve qu'elle n'implique en aucune façon la responsabilité de l'Etat, le Ministre
ayant seul qualité pour engager cette responsabilité en matière
contentieuse.

Du droit de signer des requêtes.

Art. 5. En matière de réparation civile, les intéressés ou, à
leur défaut, les avoués choisis par eux ont seuls qualité pour
introduire une requête. Une procuration spéciale sera exigée de
toute autre personne intervenant pour introduire une réclamation au nom d'un tiers; mais les renseignements subséquents
pourront être fournis par toute personne désignée par le requérant, même par un avocat. Les notifications des décisions seront
faites aux intéressés, à leurs avoués ou autres mandataires régulièrement autorisés, à l'exception des avocats, qui ne peuvent
être mandataires.

Il doit d'ailleurs demeurer entendu que les personnes illettrées
pourront produire des réclamations signées de deux personnes
qui certifieront que le requérant, ne sachant pas écrire, a apposé
une croix, sous la réserve que les signatures de ces deux personnes seront légalisées.

Réclamations mal fondées.

Art. 6. Dans le cas où les constatations opérées en conformité
de la présente circulaire auraient démontré avec certitude aux
autorités militaires locales que la responsabilité de l'Etat n'est

pas engagée, celles-ci se borneront à justifier aussi complètement que possible leur appréciation sur la question de la responsabilité.

Des allocations gracieuses pourront cependant être proposées en faveur des individus dont la situation serait nécessiteuse et qui auraient subi un dommage résultant plutôt d'un cas fortuit ou de force majeure que d'une imprudence personnelle.

Interdiction d'engager des pourparlers avec les réclamants.

Art. 7. Dans aucun cas, qu'il s'agisse d'accidents de personnes ou d'animaux, de dégâts matériels, de privation de jouissance d'immeubles, les autorités militaires chargées de procéder à une enquête ne doivent engager de pourparlers avec les intéressés au sujet de l'indemnité à payer ou à réclamer. Elles devront également s'abstenir rigoureusement de communiquer aux tiers intéressés leur avis sur la question de responsabilité.

Le droit de statuer sur les questions de réparations civiles appartient, en effet, exclusivement au Ministre, sauf dans certains cas spécialement prévus par les lois (1) et dans les cas de délégation de pouvoir donnée sous réserve du droit des intéressés d'obtenir, s'ils le jugent utile, une décision personnelle du Ministre (Cf. partie V de la présente instruction).

Des réclamations tardives.

Art. 8. Toutes les réclamations portant sur des faits dommageables remontant à cinq ans, ce délai étant compté à partir du 1er janvier de l'année pendant laquelle le dommage s'est produit (1), sont atteintes par la prescription quinquennale (loi du 29 janvier 1831, art. 9).

Les réclamations sur papier timbré concernant des dommages matériels atteints par la prescription sont transmises au Ministre sans instruction, à moins que les requérants ne prétendent prouver qu'ils ont interrompu la prescription par des requêtes présentées en temps utile. Dans ce cas, il y aurait lieu de contrôler avec le plus grand soin l'exactitude de l'assertion.

---

(1) Dégâts de manœuvres, interdiction de terrains pendant les exercices de tir.

(2) Exemple : un accident survenu le 15 mai 1909 sera couvert par la prescription quinquennale le 1er janvier 1914.

Notification des décisions ministérielles.

Art. 9. Les décisions ministérielles, lorsqu'elles ne sont pas notifiées directement à l'intéressé, par lettre signée du Ministre, leur sont notifiées à la diligence des gouverneurs militaires ou commandants de corps d'armée, par l'intermédiaire de la gendarmerie, sous forme d'extraits établis par l'administration centrale ou par le commandement, reproduisant littéralement le texte approuvé par le Ministre.

Les requérants sont invités à donner récépissé; ils sont avertis que cette formalité n'engage en quoi que ce soit leur liberté d'action, qu'elle n'a pour effet que de déterminer authentiquement le point de départ du délai de recours contre la décision. En cas de refus de donner récépissé, procès-verbal de la notification sera dressé et l'expédition de la décision ministérielle sera laissée entre les mains du requérant.

Il est inutile que le procès-verbal relate les motifs du refus opposé par l'intéressé; il suffit que ce refus soit constaté.

En cas de refus de recevoir, même sans délivrance de récépissé, l'extrait de la décision, cette pièce est remise au maire. Le procès-verbal de notification sera transmis au Ministre (Direction du Contentieux et de la Justice militaire; 1er Bureau).

Les titulaires d'indemnité sont, en outre, avertis qu'ils peuvent se présenter à la sous-intendance, pour y retirer un mandat de payement, en échange d'une formule de désistement sur papier libre, de toute réclamation ultérieure pour l'objet de leur demande, moyennant le payement de la somme de...

De l'acceptation et du payement des indemnités.

Art. 10. A l'égard des personnes ne demeurant pas au siège de la sous-intendance, le mandat leur sera remis par les moyens dont dispose l'ordonnateur, si elles en font la demande accompagnée d'une formule de désistement.

Lorsque la réclamation d'indemnité visera la réparation de dégâts, suivant état décompté produit par le requérant et n'aura donné lieu à aucune contestation, il ne sera pas exigé d'acte de désistement.

L'acte de désistement sera transmis au Ministre (Direction du Contentieux et de la Justice militaire; 1er Bureau), autant que possible en même temps que le récépissé, après avoir été revêtu de la mention de la date du mandatement.

A l'égard des accidents survenus à des femmes mariées, le

désistement devra toujours porter la signature du mari avec la mention « Bon pour autorisation maritale ».

A l'égard des orphelins mineurs, le tuteur devra être autorisé par le conseil de famille à accepter la décision ministérielle. De plus, l'avis de trois jurisconsultes désignés par le procureur de la République près le tribunal de première instance devra être requis par le tuteur; enfin, la transaction devra être homologuée par jugement du tribunal (Code civil, art. 467).

En ce qui concerne les enfants naturels reconnus de l'un de leurs ascendants, cet ascendant doit demander au tribunal statuant en la chambre du conseil l'autorisation de transiger.

Ces formalités étant coûteuses, le désistement du tuteur des orphelins ou de l'ascendant de l'enfant naturel reconnu sera tenu pour suffisant jusqu'à 500 francs, chaque fois qu'il n'y aura pas eu litige porté devant un tribunal.

PARTIE II.
Mesures à prendre dans tous les cas d'accidents.

Obligation d'ouvrir une enquête sur tout accident ou dommage matériel.

Art. 11. Tout accident occasionné à un militaire, officier ou homme de troupe, à un animal de l'armée par une personne étrangère à l'armée, ou par des animaux appartenant à cette personne, et même par une personne appartenant à l'armée mais n'accomplissant pas un service commandé, donne lieu obligatoirement à une enquête dont les résultats sont transmis à l'administration centrale de la guerre, sous le timbre de la Direction du Contentieux et de la Justice militaire (1er Bureau).

Il en est de même, en cas d'accident occasionné par un militaire dans l'accomplissement d'un service commandé ou par des animaux ou des attelages de l'armée, à des personnes étrangères à l'armée ou à des animaux appartenant à ces personnes.

Il est également procédé à une enquête au sujet de tout dégât à du matériel ou à un immeuble de l'Etat, causé soit par une personne étrangère à l'armée, soit par des animaux appartenant à une personne étrangère à l'armée, et au sujet de tout dégât causé à du matériel ou à un immeuble d'un particulier, soit par un militaire exécutant un service commandé, soit par des animaux ou des attelages de l'armée.

Toutefois, les dégâts de cantonnement sont exceptés des présentes dispositions et sont réglés dans les conditions fixées aux articles 25 à 29 de l'instruction du 17 août 1907, s'il s'agit de dégâts pendant les manœuvres, ou suivant les prescriptions faisant l'objet du paragraphe 9 de la partie IV de la présente instruction, s'il s'agit de dégâts causés par les troupes concentrées dans une localité lors de grèves ou de troubles politiques.

Les agressions dont seraient victimes les militaires de la part de tiers, quels qu'ils soient, donnent également lieu à une enquête administrative.

Constat des accidents ou dégâts matériels.

Art. 12. Lors de tout dégât matériel survenu dans l'un des cas énumérés au précédent article, il est formellement prescrit à l'officier ou sous-officier chef de détachement, au brigadier chef de convoi, au conducteur, cavalier, cycliste ou militaire isolé, s'il n'est point blessé trop grièvement, de s'enquérir avec soin sur place du nom et de l'adresse de l'auteur de l'accident, de demander à celui-ci de produire une pièce d'identité, s'il est possible, de prendre les noms et adresses des témoins civils. Quand l'accident a été causé par une charrette, le nom inscrit sur la plaque sera exactement noté; de même, quand l'accident a été causé par une automobile, les indications de la plaque spéciale seront exactement relevées.

Il sera également procédé ainsi chaque fois qu'un cheval se sera emporté par suite de claquements de fouet réitérés d'un charretier ou d'un conducteur de voiture.

Chaque fois qu'un cheval se sera emballé par suite des aboiements d'un chien lâché à sa poursuite, il sera nécessaire que les officiers et les hommes s'enquièrent sur le lieu, auprès des habitants, du nom du propriétaire du chien. S'il y a eu impossibilité de recueillir le renseignement, le signalement du chien sera transmis au commandement de la brigade de gendarmerie à fin de recherche

Le chef de détachement ou de convoi, le militaire isolé constate, autant que possible en présence des témoins, toutes les particularités qui pourraient servir à éclairer la question de responsabilité, telles que traces de roues, absence d'éclairage d'une voiture appartenant à un particulier, situation de certaines éraflures de peinture, etc. Il constate également d'une façon sommaire la nature des dégâts.

Le chef de corps fait immédiatement vérifier le relevé de ces dégâts, mais il ne commande jamais les réparations.

L'officier, le chef du détachement ou de convoi, le militaire isolé est tenu de faire immédiatement à son chef de corps la déclaration de tout accident causé ou subi par les chevaux qui lui étaient confiés pour être conduits ou montés, de tout accident de bicyclette dont il aurait été la victime ou l'auteur, de tout dégât matériel.

Le chef de corps prévient aussitôt le commandant d'armes et recueille les déclarations écrites de tous les témoins militaires. Ces déclarations peuvent être dictées par les témoins s'ils sont hors d'état, par maladie ou défaut d'habitude, de rédiger une déclaration écrite, mais alors la pièce est certifiée par deux assistants.

Il est expressément recommandé aux chefs de corps, d'états-majors ou de services de prendre les dispositions nécessaires pour que l'obligation de déclarer les accidents soit périodiquement rappelée aux officiers montés, aux conducteurs de voitures et aux hommes de troupe montés pour le service.

Constatation des blessures et soins qu'elles comportent.

Art. 13. Le chef de corps ou le commandant d'armes devra prescrire immédiatement la constatation par un médecin militaire et, à son défaut, par un médecin civil, de la nature et de la gravité de la blessure.

L'examen du blessé aura lieu aussitôt que possible, et le rapport établi à cette occasion indiquera, en même temps que la nature exacte des blessures, la durée probable de l'incapacité de travail.

Les mêmes précautions seront prises s'il s'agit de blessures causées à un animal. Un vétérinaire militaire et, à son défaut, un vétérinaire civil, sera commis à l'examen de l'animal et rédigera un rapport fournissant les indications susvisées et indiquant la valeur marchande de l'animal blessé.

Si l'accident est survenu dans une localité dans laquelle réside un médecin ou un vétérinaire militaire, les soins médicaux ou vétérinaires seront offerts gratuitement.

Lorsque le blessé ou le propriétaire de l'animal blessé les refusera, l'officier du corps de santé ou le vétérinaire militaire se bornera à signaler le fait par écrit à l'autorité militaire.

En aucun cas, des animaux appartenant à des particuliers ne devront être admis dans les infirmeries vétérinaires des corps de troupe.

Autant que possible, des rapports médicaux ou vétérinaires, rédigés à intervalles déterminés suivant la nature des blessures, tiendront le commandant d'armes au courant de l'état de la personne ou de l'animal blessé et l'aviseront du moment où cet état sera devenu définitif, soit par voie de guérison, soit par suite d'une infirmité non susceptible d'atténuation sensible, par conséquent incurable.

Des autorités à qui incombe le soin de diriger les enquêtes.

Art. 14. Le soin de diriger les enquêtes incombe personnellement au commandant d'armes, mais celui-ci peut déléguer ses pouvoirs au chef de corps ou au chef de la fraction de corps dont dépend le militaire ou l'animal auteur ou victime de l'accident.

Le commandant d'armes donne aux gendarmes les instructions nécessaires pour recueillir les déclarations des témoins civils et faire toutes vérifications utiles; il correspond directement avec le Ministre sous le timbre de la Direction du Contentieux et de la Justice militaire (1er Bureau).

Si l'accident n'a pas eu lieu dans la place et si le commandant d'armes n'est pas en même temps commandant de la subdivision, il provoque de la part du général commandant la subdivision les ordres nécessaires pour s'assurer le concours de la gendarmerie hors de la place.

Le commandant d'armes, lorsqu'il s'est réservé la direction de l'enquête, communique au chef de corps les déclarations des témoins civils. Celui-ci, après avoir entrepris, le cas échéant, de dissiper les obscurités ou les contradictions que présenteraient ces déclarations et provoqué à ce sujet, s'il est nécessaire. de nouvelles précisions de la part des témoins militaires ou civils, établit sur l'accident un rapport détaillé.

Ce rapport peut être rédigé par un officier délégué par le chef de corps, de préférence par un officier qui aurait assisté à l'accident; il est alors visé par le chef de corps et revêtu, s'il y a lieu, de ses observations. C'est, en principe, cette pièce qui, dans les affaires simples, est soumise au Ministre, complétée par l'avis du commandant d'armes et de la direction du contentieux et qui sert de base à la décision.

Il est donc recommandé aux chefs de corps de rédiger ces rapports d'une façon assez complète et précise pour que, dans les cas simples au moins, la direction du contentieux n'ait pas à exposer dans un rapport au Ministre les circonstances de l'événement et puisse se borner à porter ses observations, décomptes et conclusions à la suite dudit rapport. Un croquis du lieu de l'accident, établi à l'échelle, est joint au rapport.

PARTIE III.

Droits et responsabilité de l'État et des militaires en cas d'accidents, poursuites judiciaires des auteurs.

Demandes de réparation civile de la part de l'Etat.

Art. 15. Les enquêtes administratives ouvertes à l'occasion d'accidents survenus à des militaires ou à des animaux de l'armée, de dégâts à du matériel de l'armée ou à des immeubles militaires causés par des personnes étrangères à l'armée ou par des animaux leur appartenant, ont pour objet de réunir des éléments d'appréciation touchant la responsabilité civile de l'auteur de l'accident et le montant du dédommagement à lui réclamer le cas échéant. Mais cette enquête ne saurait, en aucun cas, entraver ou remplacer l'enquête de police judiciaire civile qui pourrait être ordonnée.

Aucun dédommagement ne peut être réclamé à une personne étrangère à l'armée qu'en vertu d'une décision du Ministre; aucune action civile ne peut pareillement être entamée qu'en vertu d'une décision du Ministre. L'assignation est délivrée au nom de l'Etat français, représenté par M. le sous-intendant militaire (ou autre officier), en vertu d'une décision du Ministre de la guerre en date du...

Poursuites à solliciter contre les auteurs d'accidents.

Art. 16. Le commandant d'armes examine si les circonstances de l'accident ont mis en évidence quelque contravention aux règles de la circulation commise par l'auteur de tout accident subi par un militaire ou par un animal de l'armée, ou de tout dégât causé à du matériel de l'armée. Il examine également, en cas d'accident de personne, si, en raison de la gravité des blessures et des circonstances de l'événement, l'auteur tombe sous le coup des articles 319 et 320 du Code pénal. S'il relève soit une contravention, soit une des causes d'homicide ou de blessures visées aux deux articles précités, il saisit le procureur de la République d'un exposé des faits, en vertu de l'article 47 du Code d'instruction criminelle, à fin de poursuites à engager devant le tribunal de simple police ou devant le tribunal correctionnel selon le cas.

Responsabilité civile de l'Etat.

Art. 17. Les accidents causés au cours de l'exécution du service par les militaires engagent seuls la responsabilité civile de l'Etat, sous la condition expresse que ces accidents ne sont pas le résultat d'une faute lourde personnelle se dégageant de l'exécution du service.

En conséquence, lorsqu'un accident ou dégât aura été causé par un militaire en dehors du service commandé, il importera surtout d'établir, d'une façon certaine, la situation de ce militaire vis-à-vis de ses chefs, au moment de l'accident.

A l'égard des permissionnaires, il conviendra de joindre au rapport un extrait certifié conforme de la décision du colonel. En outre, il y aura lieu de supprimer l'envoi des pièces relatives au préjudice matériel que peut avoir causé l'accident; de plus, il sera inutile d'offrir les soins d'un médecin militaire et de faire suivre l'état de santé du blessé par un médecin militaire. En cas de blessure causée hors du service à des animaux appartenant à des particuliers, la même dispense s'applique aux soins vétérinaires.

Droits des officiers et des hommes de troupes vis-à-vis des auteurs d'accidents.

Art. 18. Les enquêtes auxquelles il est procédé n'ont aucunement pour conséquence d'entraver les militaires dans l'exercice de leurs droits propres, à l'égard des personnes étrangères à l'armée, par la faute desquelles ils ont été blessés.

Les officiers et militaires de tous grades jouissent de la plénitude de leurs droits civils; en conséquence, lorsqu'ils ont été blessés par la faute d'un tiers, il leur appartient, s'ils le jugent à propos, de faire valoir leurs droits à indemnité vis-à-vis de l'auteur de l'accident ou, si l'auteur de l'accident est un préposé, vis-à-vis du patron de ce dernier.

Ils n'ont besoin à ce sujet d'aucune autorisation.

Spécialement, les officiers sont entièrement fondés à comprendre dans leur réclamation le montant de leurs frais d'hospitalisation, puisque aujourd'hui ils payent ces frais de leurs deniers personnels. L'Etat n'a plus maintenant aucun droit à réclamer le remboursement de ces frais.

Les hommes de troupe sont toujours avertis de cette situation lorsqu'ils ont été victimes d'un accident dont la responsabilité incombe à une personne étrangère à l'armée. Il sera ajouté que la prescription de l'action civile est de trois ans après l'accident; que, s'il y a poursuites correctionnelles, ils peuvent se porter partie civile au procès, mais qu'ils peuvent également obtenir une indemnité de l'auteur de l'accident par un autre moyen, en saisissant la juridiction civile d'une demande de dommages-intérêts, même s'il n'y a pas eu poursuites correctionnelles et s'il y a eu ordonnance de non-lieu ou acquittement; que, dans le cas d'une action civile, les demandes ne dépassant pas 600 francs en capital sont dans la compétence des juges de paix; qu'au delà de ce chiffre, l'affaire doit être portée devant le tribunal civil; qu'à cet effet, ils peuvent solliciter l'assistance judiciaire; que leur chef de corps appuiera les demandes d'assistance judiciaire qu'ils adresseraient au procureur de la République dont dépend la garnison; que, s'ils engagent une procédure, des copies des pièces de l'enquête administrative susceptibles de leur être utiles leur seront remises sur leur demande.

Convocation d'un officier devant le bureau d'assistance judiciaire,
en justice de paix et assignation d'un officier.

Art. 19. Afin d'éviter les retards, tout officier convoqué, à l'occasion d'un fait de service, devant le bureau d'assistance judiciaire ou à l'audience de conciliation du tribunal de paix, ou touché par une assignation devant un tribunal quelconque, adresse immédiatement et directement au Ministre (Direction du Contentieux et de la Justice militaire; 1er Bureau) la convocation, l'avertissement ou l'assignation, en joignant un rapport sur le fait incriminé, si un dossier n'a pas été déjà envoyé à l'administration centrale, au sujet de l'événement. Une copie de la pièce judiciaire est adressée par l'intéressé au général commandant le corps d'armée.

Mise en demeure de constat de dégâts.

Art. 20. Toute mise en demeure à fin de constat contradictoire de dommage doit être accueillie; mais le représentant de l'administration de la guerre devra être choisi parmi les personnes possédant les connaissances techniques nécessaires (officiers du génie ou de l'artillerie, officiers d'administration de ces services, ouvriers d'état, chefs armuriers de corps de troupe, officiers de casernement, suivant la nature, l'importance et le lieu des dégâts). Ce représentant se bornera au relevé de tous les organes de machine, parties brisées de voitures ou dégradations de bâtiment, etc...; stipulera, avant de commencer ses opérations, que sa présence et sa participation au constat ne préjugent en rien de la décision du Ministre sur la question de responsabilité.

Cette réserve sera formulée sur le procès-verbal en double expédition, dont une pour chaque partie, ainsi que toutes explications techniques relativement aux points sur lesquels les auteurs du constat n'auront pu se mettre d'accord.

Ce décompte sera l'objet d'un rapport distinct qui, au besoin, pourra être dressé par une autre personne que par l'auteur du constat.

Modèle de procès-verbal de constat.

Nous, soussigné (nom, grade ou emploi)
      commis par (l'autorité militaire qui a désigné l'idoine) en conformité d'une disposition de l'instruction du 25 janvier 1912 sur les mesures à prendre en cas d'accident ou de dégât matériel à l'effet de constater contradictoirement les dommages occasionnés le (date de l'accident) par (un attelage de l'armée, un cheval de l'armée, une bicyclette militaire, une automobile de l'armée, etc., selon le cas) à (désignation de l'objet endommagé), sous réserve que notre présence et notre participation à l'opération ne préjugeront en rien de la décision du Ministre sur la question de responsabilité et le montant du dommage,

Et M. (nom, prénoms, profession), demeurant à (ville et adresse), choisi par M. (nom, prénoms, profession), demeurant à (ville et adresse),

A l'effet de constater contradictoirement les dégâts causés à (désignation de l'objet) appartenant à M. (nom, prénoms), nous sommes transportés à (ville, rue, numéro) le   mil neuf cent   et avons constaté ce qui suit :

Relevé des différents organes brisés ou abimés.

Indication des explications techniques relativement aux points du constat sur lesquels il y aurait désaccord entre les deux idoines.

Répression des contraventions et délits commis par les militaires et ayant causé un accident.

Art. 21. Lorsqu'un militaire aura occasionné un accident par suite d'une contravention aux règles de la circulation, les autorités militaires locales, en vertu des pouvoirs de répression des contraventions qui leur sont laissés par le Code de justice militaire, estiment si le fait se détache de l'exécution de l'ordre reçu. Elles peuvent infliger une punition disciplinaire à l'auteur de l'accident. Il en est de même si le militaire a enfreint quelque consigne claire et précise.

Mais il est rappelé à tous les chefs de corps et commandants d'armes que tout accident mortel de personne causé par un militaire, comme tout accident grave paraissant le résultat d'une imprudence ou négligence avérée et purement personnelle, se détachant de l'exécution de l'ordre reçu, donne lieu de saisir la justice militaire dans les conditions indiquées par la circulaire du 4 juillet 1910 (*B. O.*, P. R., p. 1195).

PARTIE IV.

Constitution des dossiers d'enquête.

1° ACCIDENTS DE PERSONNE.

A. — *Accidents causés à des personnes étrangères à l'armée.*

Cas d'indisponibilité temporaire.

Art. 22. En cas d'accident de personne n'ayant pas laissé d'infirmité permanente, la durée de l'incapacité de travail et le salaire de la victime, ou à défaut son revenu, sont les éléments sur lesquels doit se porter particulièrement l'attention.

Le requérant sera visité de nouveau par un médecin militaire aussitôt que possible après la réception de sa demande, lorsque le dernier examen auquel il a été soumis n'a pas été déterminant; chaque fois qu'il y aura doute ou contestation sur la durée de l'incapacité de travail, le réclamant devra être contre-visité. Le rapport médical relatera la durée de l'indisponibilité totale, puis, s'il y a lieu, celle de l'indisponibilité partielle temporaire subséquente. Cette dernière indisponibilité sera exprimée en dixièmes de capacité normale de travail.

La quotité du salaire sera prouvée par un certificat du patron ou du chef du service à l'égard des ouvriers ou des employés d'administrations publiques ou privées. Si le certificat est délivré par un commerçant, il sera certifié conforme aux écritures de ses livres de commerce; la signature en sera légalisée.

Lorsque la victime sera un ouvrier agricole ou domestique, le patron sera invité à déclarer s'il est assuré. Dans le cas de l'affirmative, le patron sera invité à indiquer si la Compagnie d'assurances est subrogée à ses droits et si elle paie à la victime les indemnités prévues.

Lorsque la victime sera un commerçant ou un chef d'exploitation agricole, on prendra pour base d'évaluation le gain de la personne capable de tenir le magasin ou de diriger l'exploitation.

Pour le cultivateur travaillant seul, soit avec le concours des siens ou d'un à deux domestiques, le salaire à considérer sera celui d'un ouvrier agricole se nourrissant à ses frais. Si l'usage du pays est de nourrir ces ouvriers, le prix de la nourriture sera estimé et indiqué en même temps que le salaire usuel.

Dans le cas de conditions spéciales exceptionnelles exigeant l'action personnelle de la victime dans la gestion de son entreprise et ayant motivé l'arrêt de l'exploitation, le dommage devra être estimé d'après la perte de rendement de l'entreprise.

La gendarmerie sera appelée à faire une enquête sur la durée de l'indisponibilité réelle, chaque fois qu'il y aura doute, à titre de contrôle indépendant des résultats de la contre-visite. Dans tous les cas, elle recueillera les renseignements concernant le salaire ou les moyens d'existence du plaignant.

Les notes des médecins, pharmaciens et, en général, celles de tous frais de traitement, seront exigées et soumises pour avis au médecin militaire qui aura examiné le malade en dernier lieu et visées par lui. Le médecin militaire fera connaître, quand il y aura lieu, les prix qui seraient exagérés. Il désignera les dépenses accessoires qui lui paraîtront devoir être admises (garde-malade, bains, douches, électrisations, massages...) et les dépenses qui seraient sans rapport avec la maladie (médicaments non destinés au malade, etc...).

En outre, tout grief particulier articulé par l'intéressé (perte d'emploi, effets lacérés) devra être contrôlé, après que celui-ci aura été mis en demeure de fournir des preuves de la réalité du préjudice et des éléments d'estimation de ce préjudice.

Les nom, prénoms, âge, profession de la victime seront également donnés.

Un plan du lieu de l'accident (en croquis) sera joint au dossier chaque fois que ce plan pourra faciliter de quelque façon la compréhension du rapport sur l'accident.

Cas d'incapacité permanente.

Art. 23. Les éléments d'information visés au précédent article seront réunis, mais le réclamant sera toujours l'objet d'une visite et contre-visite ayant pour but la description exacte de son état définitif, ainsi que l'influence de l'infirmité sur la réduction de la puissance du travail.

Les médecins évalueront cette réduction par une fraction numérique décimale ou centésimale.

L'incapacité peut d'ailleurs être reconnue absolue.

Ces évaluations numériques constituent une tâche très délicate, mais il est impossible d'arrêter *a priori* une échelle fixe, en raison de ce fait que tel accident peut donner lieu à des réductions de capacité différentes, suivant la profession de la victime.

MM. les médecins militaires devront apporter la plus grande circonspection dans les évaluations de ce genre, car elles fournissent l'élément principal du calcul de l'indemnité (1).

L'appréciation de la perte de salaire devra être effectuée par comparaison du salaire antérieur à l'accident et du salaire que la victime reste susceptible de gagner, chaque fois qu'il y aura changement obligatoire de profession.

En raison de l'interdiction faite aux Ministres de payer des rentes viagères sur les crédits qui leur sont alloués pour le fonctionnement de leur département (loi du 25 mars 1817 et décret de 1862 sur la comptabilité publique, art. 255), il convient de ne jamais présenter au Ministre, en cas d'incapacité permanente, des propositions de constitution de rente viagère.

En conséquence, pour fournir une base de calcul ferme permettant d'apprécier le bien-fondé du montant des propositions et des réclamations, la date de la naissance sera toujours indiquée, d'après une pièce authentique mentionnée dans le rapport contenant les propositions d'indemnité. En cas de doute sur cette date, ou d'accident grave comportant une indemnité de quelque importance, la victime sera requise de produire un extrait sur papier libre de son acte de naissance.

Accidents mortels.

Art. 24. Les accidents mortels doivent, en principe, être considérés comme n'ouvrant droit à indemnité en faveur des père et mère, époux et enfants qu'en raison du préjudice matériel résultant de la mort de la victime pour le requérant. Néanmoins, en l'absence du préjudice matériel, il appartiendra au Ministre de décider, d'après les renseignements tirés d'une enquête de gen-

---

(1) MM. 'les médecins militaires trouveront d'utiles considérations sur les incapacités de travail dans l'ouvrage intitulé *Guide du médecin dans les accidents du travail*, par les professeurs Forgue et Jeanbreau, Paris, 1909.

darmerie sur la moralité du défunt ainsi que sur ses rapports avec les réclamants et sur les moyens d'existence de ces derniers, si, dans certaines circonstances, des allocations à titre de préjudice moral peuvent être consenties.

Un plan des lieux de l'accident, en croquis, sera joint au dossier de l'enquête prescrite par la circulaire. Si les constatations faites au cours de cette enquête semblent de nature à engager la responsabilité de l'Etat, le requérant devra être mis en demeure de fournir les preuves des préjudices de diverses espèces qu'il aurait mentionnés dans sa demande ainsi que les pièces justificatives des dépenses qu'il aurait supportées.

En même temps, une enquête sera ouverte à l'effet de rechercher la profession, le gain, la manière de vivre du défunt, le nombre d'enfants mineurs et majeurs; la profession, le gain de l'époux survivant. Toute dépense devra être prouvée par facture acquittée ou non; le gain sera établi suivant les règles indiquées à l'article 22.

L'indemnité proposée doit être estimée d'après l'importance des subsides que les intéressés pouvaient espérer obtenir de la victime pendant le restant de leur vie. Dans cet ordre d'idées, il est bien évident que des enfants gagnant leur vie et issus d'un père nécessiteux n'ont rien à prétendre à titre de *dommage matériel*, si ce père vient à être tué.

Lorsque le rapport établi au sujet de l'accident conclura à la responsabilité de l'Etat, les intéressés seront invités à fournir les pièces suivantes, sous réserve que l'invitation de les produire ne préjuge en rien de la reconnaissance de la responsabilité de l'administration de la guerre par le Ministre :

1° Un extrait de l'acte de décès de la victime;

2° Un extrait de l'acte de mariage, en cas de réclamation du conjoint survivant;

3° Un extrait d'un certificat de notoriété constatant que le conjoint n'est ni divorcé ni séparé de corps ou de biens;

4° Des extraits des actes de naissance des enfants mineurs vivants, pour toute réclamation concernant les droits des mineurs;

5° Des extraits des actes de naissance des ascendants vivants, s'ils avaient présenté une réclamation;

6° Un certificat certifié conforme aux écritures des livres de commerce du patron qui occupait la victime au moment de l'accident, indiquant le salaire de celle-ci.

Pour les cultivateurs ou fermiers, le salaire devant servir de base à l'évaluation de l'indemnité est déterminé d'après les règles exposées aux alinéas 4, 5, 6 de l'article 22 ci-dessus.

Si la victime est un commerçant, il y aura lieu de demander à ses représentants une notice détaillée faisant ressortir, d'après les livres de commerce, le bénéfice annuel et de joindre à cette notice un procès-verbal d'enquête de gendarmerie relatant le loyer, les charges de famille, le nombre d'employés et de domestiques du défunt, afin de permettre de vérifier que les déclarations des intéressés ne présentent pas des allégations manifestement inexactes.

Le procès-verbal de gendarmerie indiquera également si les intéressés continuent et continueront d'exploiter le fonds de commerce et, dans le cas de l'affirmative, si l'assistance d'un employé à gages déterminés leur est nécessaire.

Chaque fois que les renseignements recueillis sur les salaires paraîtront présenter quelque incertitude, le préfet devra être invité à communiquer, d'après les chiffres des bordereaux, le salaire afférent à la profession de l'intéressé dans la région de la résidence. -

Si la mort a été la conséquence directe de l'accident, les frais de traitement, comme les frais funéraires, seront compris dans l'indemnité, mais devront être justifiés par des factures et des notes d'honoraires.

Pour les frais de maladie, on se reportera aux observations consignées à l'article 22; pour les frais funéraires, on indiquera ceux qui, suivant les prix en usage dans la région ou la situation de fortune des ascendants, seraient exagérés.

Réclamations formées ultérieurement par des individus ayant déjà
bénéficié d'une allocation.

Art. 25. Ces demandes ne sont susceptibles de recevoir une suite favorable que dans les deux cas suivants :

1° La victime n'a reçu qu'une allocation pour indisponibilité temporaire et éprouve ultérieurement des troubles pathologiques rattachés d'une manière certaine à l'accident et entraînant une incapacité permanente;

2° La victime, bien qu'ayant reçu une indemnité pour incapacité temporaire totale suivie d'incapacité partielle et permanente, aurait subi une aggravation de cette incapacité permanente.

Les demandes de la première catégorie doivent être accueillies, parce qu'il est certain qu'elles portent sur des dommages qui n'ont été réglés que partiellement. Ces réclamations donnent lieu à la même instruction que les réclamations classées à l'article 23. Toutefois, il est expressément recommandé de donner aux médecins des instructions spéciales, afin que non seulement les certificats médicaux fournissent avec certitude des éléments d'appréciation sur le degré de réduction de la puissance de travail de l'intéressé, mais encore qu'ils établissent sur des données aussi précises que possible la corrélation ou la non-corrélation de l'état actuel avec l'accident antérieur. Dans ce but, les blessures ou lésions prétendues résultant de cet accident devront être énumérées et décrites d'une façon aussi complète que possible, et la description sera rapprochée de celles figurant aux certificats sur le vu desquels il avait été statué une première fois.

La seconde catégorie de demandes nécessite un **examen** dirigé avec des précautions et une circonspection particulières, parce que la décision ministérielle ayant admis l'existence d'une infirmité permanente, ces demandes risquent de porter sur des dommages définitivement réglés.

L'examen d'un malade à plusieurs années de distance, par des médecins différents, se prête à des dols ou facilite des erreurs contre lesquelles il convient de se mettre en garde.

Les médecins militaires examineront si l'aggravation invoquée ne résulte pas de la négligence de la victime ou de quelque accident postérieur au premier, et discuteront les avis qui auraient été exprimés sur ce point par des médecins civils, dans des certificats produits par l'intéressé. Ils relateront par une fraction décimale ou centésimale le degré de l'incapacité actuelle de travail.

La demande devra être instruite complètement, d'après les règles rappelées à l'article 22 ci-dessus, lorsque les certificats médicaux de visite et de contre-visite rapprochés des certificats anciens auront établi une aggravation d'incapacité.

Indemnités réclamées par des simulateurs.

Art. 26. Lorsque les médecins militaires suspecteront de la simulation de la part de la victime d'un accident, sans pouvoir fournir une preuve suffisamment probante, le général commandant le corps d'armée pourra ordonner que le plaignant soit visité par quatre médecins militaires dans les conditions prévues par les articles 44 et 45 de l'instruction du 23 mars 1897 (*B. O.*, É. M., vol. n° 66) (1); l'enquête se poursuivra ensuite comme il est dit à l'article 22 ou 23, si cet examen aboutit à la constatation de l'infirmité.

---

(1) Remplacé par l'instruction du 15 octobre 1924 (*B. O.*, p. 2915).

§ B. — *Accidents survenus à des militaires* (1)

Accidents survenus dans le service.

Art. 27. Les accidents occasionnés à des militaires dans l'exécution d'un service commandé, quel qu'il soit, ne donnent jamais lieu à indemnité en faveur de la victime, de sa femme ou de ses enfants, la loi du 11 avril 1831 sur les pensions militaires ayant réglé les droits de ces personnes en pareil cas Mais un accident mortel peut donner lieu à des allocations aux ascendants de la victime, s'il est établi que l'événement est le résultat d'une organisation défectueuse ou du mauvais fonctionnement du service, ou d'une faute lourde de commandement commise par un gradé, d'une ruade lancée par un animal notoirement vicieux, etc..., en un mot, d'un fait constituant une faute du service public.

Dans le cas de réclamation au sujet d'accident de cette nature, les dépositions écrites des officiers, des gradés et hommes de troupe témoins de l'accident sont recueillies.

Ces dépositions servent de base à la rédaction d'un rapport circonstancié qui est appuyé, le cas échéant, d'un plan des lieux. sous forme de croquis établi à une échelle suffisante pour permettre de suivre les explications. Les certificats médicaux nécessaires sont joints au dossier.

Si les autorités locales concluent à l'existence d'une faute du service public, les ascendants réclamants seront invités à fournir les pièces 1, 2 et 6 indiquées à l'article 24, dans les conditions précisées à cet article.

Si les ascendants de la victime ne sont pas domiciliés dans la région du corps d'armée, ou si la victime ne travaillait pas avant son incorporation dans cette région de corps d'armée, le commandant de corps d'armée, saisi d'une demande, s'entend avec ses collègues pour compléter le dossier.

Accidents survenus hors du service commandé.

Art. 28. S'il arrivait qu'en dehors du service commandé et sans qu'aucune imprudence soit relevée à sa charge, un mili

---

(1) Au sujet de la responsabilité des accidents survenus à des militaires assurant le service d'ordre en cas de courses d'automobiles, voir instruction du 23 août 1910, volume 31.

taire fût victime d'un accident par le fait de l'imprudence, de la maladresse ou de la négligence d'un autre militaire exécutant un service commandé (1), le blessé aurait droit à une indemnité exclusive de toute autre allocation, comme tous les citoyens, et l'affaire serait instruite dans les conditions des articles 22 et 23, si l'incapacité de travail s'est étendue au delà du terme normal du service militaire. Il est fait application des règles de l'article 24, s'il y a eu décès. Dans les deux cas, le salaire à rechercher pour la détermination de l'indemnité est le salaire de la victime avant l'incorporation.

Accidents survenus à des militaires par le fait de personnes étrangères à l'armée ou d'animaux appartenant a ces personnes.

Art. 29. Aux recommandations faites plus haut (articles 12 et 13), touchant le relevé de l'identité des auteurs et des témoins civils ou militaires de l'accident, la rédaction d'un rapport établi d'après les dépositions des témoins recueillies par la gendarmerie, en ce qui concerne les témoins civils, et d'après l'examen raisonné des circonstances de fait, de lieu et de temps, il y a lieu d'ajouter les recommandations suivantes :

1° Les frais d'hospitalisation seront justifiés par des feuilles nominales décomptées à l'égard des sous-officiers, caporaux et soldats;

2° Les frais de route pour envoi en convalescence (aller et retour) seront justifiés par un relevé décompté;

3° Les dégradations des effets d'habillement, des armes, etc..., par un état établi par le conseil d'administration du corps;

4° Les objets de pansement et les médicaments employés à l'infirmerie du corps pour soins donnés à l'homme, avant ou après le séjour à l'hôpital, seront l'objet d'un relevé décompté;

5° Les objets de pansement qui auraient été achetés sur le lieu de l'accident et les frais de transport seront l'objet d'un relevé;

6° Un certificat du chef de corps relatera la durée de l'indisponibilité, quand celle-ci n'a pas été limitée au temps de l'hospitalisation;

7° Un second rapport médical décrira sommairement l'état du

---

(1) Exemple : Un militaire en promenade, renversé par un attelage militaire, sans qu'aucune faute soit relevée à sa charge, a droit à une indemnité, s'il conserve une infirmité, mais non à une gratification ou à une pension militaire.

militaire au moment de sa sortie de l'hôpital ou de sa reprise de
service et indiquera si le militaire paraît, en raison des lésions
dont il a été atteint, susceptible d'être proposé présentement
ou ultérieurement pour une gratification ou une pension.

2° ACCIDENTS CAUSÉS A DES ANIMAUX APPARTENANT A DES TIERS (1).

Accidents n'ayant occasionné qu'une indisponibilité temporaire.

Art. 30. Dans ce cas, l'indemnité à allouer comprend les
frais de traitement et de nourriture de l'animal pendant sa maladie. De plus, si le propriétaire, en raison de sa profession ou
pour la satisfaction de ses besoins, a été obligé de louer un
animal de remplacement, le prix de location peut lui être remboursé; mais, dans ce cas, il ne doit être tenu compte de la
valeur de la nourriture que si celle-ci n'est pas fournie par le
loueur.

Dans l'examen des requêtes, on ne tiendra compte que de
ceux des articles qui auront été *mentionnés par le requérant*.

Autant que possible, un vétérinaire militaire sera appelé à
examiner l'animal en fin de traitement, afin de constater la
durée de l'indisponibilité.

A défaut de cet examen, une enquête de gendarmerie fera
ressortir la durée réelle de l'indisponibilité de l'animal, le prix
moyen de location d'un animal de remplacement et le prix
moyen de sa nourriture dans la localité.

Un vétérinaire militaire sera appelé à viser les notes de vétérinaire civil et de pharmacien et à exprimer son avis sur la
durée de l'indisponibilité, d'après les certificats originels établis
lors de l'accident.

Accidents ayant occasionné une dépréciation.

Art. 31. Lorsqu'après guérison, un accident aura laissé sub-
sister une cause de dépréciation, l'animal sera toujours visité
par un vétérinaire militaire, et, s'il est possible sans difficulté,
contre-visité par un second vétérinaire militaire, lorsque l'indemnité demandée dépassera 200 francs.

---

(1) Seront réglés par les généraux commandant la région jusqu'à concurrence de 500 francs et s'il n'y a pas lieu d'exercer une action récursoire
contre un tiers. (Instruction du 18 janvier 1916, vol. 74).

L'enquête de la gendarmerie fera ressortir, en outre des renseignements visés au paragraphe précédent, la valeur de l'animal avant l'accident, son prix d'achat à la date du..... et son âge, d'après les dires des personnes susceptibles de fournir des renseignements.

La valeur de la dépréciation s'ajoutera, pour la détermination de l'indemnité, aux dépenses qui eussent été admises en vertu des règles du paragraphe précédent.

Accidents mortels.

Art. 32. En cas d'accidents mortels, l'Etat ne doit que le prix de l'animal, déduction faite de la valeur de la dépouille.

S'il s'agit d'un bœuf ou d'un mouton tués net, l'indemnité à proposer sera, en général, peu importante; car la valeur marchande de boucherie d'un animal tué accidentellement, ne paraît pas devoir différer beaucoup du prix d'un animal tué en abattoir, tous deux étant également propres à la boucherie.

Il conviendra cependant de tenir compte de la valeur intégrale, lorsque l'intéressé n'aura pu trouver à vendre l'animal.

Si l'animal n'a pas reçu une blessure manifestement mortelle et a été conservé pour être l'objet d'un traitement vétérinaire, cet animal devra être suivi par un vétérinaire militaire à intervalles de quinzaine.

Le vétérinaire fera connaître le moment où le traitement lui paraîtra devenu sans espoir, et le commandant d'armes avisera de la situation le propriétaire en ajoutant que si le principe de la responsabilité de l'Etat est admis, le décompte des frais d'entretien et de traitement de l'animal sera arrêté au jour de la notification de l'avis d'incurabilité.

Le vétérinaire militaire émettra un avis sur la valeur de l'animal avant l'accident; le propriétaire sera invité à indiquer le prix d'achat et à en fournir la preuve.

Les notes de vétérinaire et de pharmacien seront également soumises au vétérinaire militaire pour visa et observations, s'il y a lieu.

Une enquête de gendarmerie fournira des renseignements sur le prix de nourriture et de location dans la région d'un animal de remplacement (cheval, mulet, âne, bœuf de labour).

Lorsque l'animal n'aura pu être visité par un vétérinaire militaire, la gendarmerie aura à rechercher le prix d'un animal de même race, de même taille et de même âge, sur les marchés de la localité; le vétérinaire militaire donnera son avis sur ce prix, comme sur la durée du traitement appliqué et les frais divers de ce traitement.

Les moutons et les chèvres ne doivent, en principe, être l'objet de soins vétérinaires que s'il s'agit de blessures sans gravité.

3° ACCIDENTS CAUSÉS A DES ANIMAUX ET MULETS DE L'ARMÉE.

Pièces à établir.

Art. 33. Le dossier de l'enquête ouverte au sujet des accidents survenus à des cavaliers et à leurs montures, ou à des animaux de trait, par suite de l'imprudence d'automobilistes, de vélocipédistes, de charretiers, de piétons, par suite de l'irruption, dans les jambes des chevaux, de chiens, bœufs, cochons, etc., par suite d'accidents de chemin de fer et de transport par bateau, est complété par un second rapport du vétérinaire, décrivant l'etat de l'animal en fin de traitement, et faisant ressortir :

1° La durée du traitement;

2° Le coût des médicaments et objets de pansement employés au traitement;

3° L'estimation de la dépréciation de la valeur marchande de l'animal, s'il y a dépréciation;

4° L'estimation de la valeur marchande de l'animal avant l'accident si l'abattage a été décidé;

A ce rapport, le conseil d'administration du corps joindra :

1° Un état décompté des médicaments et objets de pansement;

2° Un état décompté des frais de nourriture de l'animal pendant la durée du traitement à l'infirmerie et de l'indisponibilité à l'écurie;

3° Un état décompté des dégradations du harnachement ou de la sellerie de l'animal blessé;

4° Un état indiquant le prix tiré de la dépouille;

5° Un extrait de la délibération du conseil d'administration sur la valeur marchande de l'animal, c'est-à-dire sur le prix qui aurait pu en être tiré dans le commerce.

Dans le cas où, par suite de tares résultant des blessures, l'animal aurait été réformé et non abattu, le prix réalisé aux enchères sera indiqué.

4° DÉGATS CAUSÉS A DES OBJETS MOBILIERS, A DES MARCHANDISES
OU A DES IMMEUBLES APPARTENANT A DES TIERS (1).

Mode d'évaluation des dégâts de voitures, automobiles, bicyclettes,
harnachement.

Art. 34. Les dégâts causés à des voitures, automobiles, bicyclettes, etc., doivent toujours donner lieu, de la part des intéressés, à la production d'un devis.

Ce devis sera vérifié et arrêté par un ouvrier d'état ou par le
service de l'artillerie. A défaut, dans la localité, d'ouvrier d'état
ou de représentant du service de l'artillerie, on pourra avoir
recours à l'intervention d'un chef armurier si le montant du
dommage ne dépasse pas 100 francs. Au-dessus de ce chiffre, il
y aura lieu de déplacer un idoine militaire.

Quand les dégâts auront pu être constatés contradictoirement avant l'exécution des réparations, il sera dressé un procès-
verbal conforme au modèle annexé à la présente instruction
(art. 20).

Les dégâts de voitures, d'automobiles, de vélocipèdes et de
motocyclettes provoquent souvent de la part des propriétaires,
non seulement la réclamation du prix des réparations, mais encore le paiement d'une indemnité spéciale pour location d'une
voiture ou d'une machine de remplacement ou privation de
jouissance du véhicule dégradé.

Il n'y aura lieu d'accueillir cet article spécial que si la nature du commerce ou des occupations du requérant exige l'usage
quotidien d'une voiture et si la location d'une voiture de remplacement ou d'une bicyclette a été réellement effectuée.

Dans ce cas, la facture de location sera produite, et le prix
de location, dans la région, d'un véhicule analogue à celui qui
a été détérioré, sera indiqué dans l'enquête de la gendarmerie.

Les dégâts à des objets de harnachement seront estimés par
un ouvrier d'état ou par un maître sellier de corps de troupe.
S'il s'agit de dégâts minimes et s'il n'y a pas d'ouvrier d'état
ou de maître sellier dans la place ou à proximité, l'estimation
aura lieu sur le vu des factures et d'un état descriptif des dégradations.

---

(1) Voir le renvoi (1) de la page 122.

Mode d'évaluation des dégâts aux constructions et ouvrages divers.

Art. 35. Les dégâts à des immeubles, à des candélabres, à des supports de fils électriques, à des poteaux, à des arbres, à des échafaudages, à des kiosques, grilles, bancs, étalages, devantures, c'est-à-dire à tous objets en place sur la voie publique sont constatés et évalués par les représentants du service du génie ou, à défaut, par ceux du service de l'artillerie, et, en l'absence de tout représentant de ces deux services dans la place, par le sous-officier ou l'officier chargé du casernement.

Dans ces deux derniers cas, pour tous les dégâts de constructions et appareils, le devis est vérifié par le service du génie, qui se guide, non sur les prix d'unités de ses marchés, mais sur ceux en usage dans la région, entre particuliers et entrepreneurs. Il sera fait déduction, le cas échéant, du prix des vieilles matières.

Lorsque le dommage a été constaté et évalué par un sous-officier ou un officier d'infanterie ou de cavalerie, le directeur du génie à qui incombe le soin d'arrêter le montant du dommage a toujours le droit, s'il ne se trouve pas suffisamment documenté, de déplacer un de ses subordonnés, en utilisant, à cet effet, le crédit des déplacements spéciaux aux réparations civiles.

En ce qui concerne les pertes de marchandises contenues dans les voitures brisées ou dans les étalages défoncés, la constatation de la détérioration des marchandises a lieu le plus tôt possible. Pour l'évaluation de ces marchandises, le commandant d'armes recourt, selon le cas, soit au service de l'intendance, soit au service de l'artillerie, soit à l'officier de casernement, soit à un maître armurier, tailleur ou sellier, qui prennent les meilleurs moyens pour arriver à une estimation équitable.

5° DÉGATS CAUSÉS PAR DES TIERS A DES IMMEUBLES OU A DU MATÉRIEL DE L'ARMÉE.

Mise en demeure de constatation contradictoire.

Art. 36. Indépendamment de l'enquête ouverte aussitôt que possible, le dégât donne lieu à une invitation adressée à l'auteur des dégâts, à fin de constatation contradictoire de la nature des dégradations. Il est retiré un reçu de cette invitation. Les dégradations sont ensuite l'objet d'une évaluation par le service compétent (génie pour les dégâts d'immeubles (1), artillerie pour les dégâts de voitures, d'automobiles, d'armes). Ces évaluations sont confiées par le service à un ouvrier d'état, à un officier d'administration ou à un officier d'artillerie ou du génie, suivant les aptitudes du personnel dont il dispose.

Sur le vu de cette évaluation, le Ministre fixera, s'il y a lieu, le montant de la somme à réclamer.

La bicyclette, la motocyclette ou l'automobile appartenant à un soldat, et dont ce militaire se sert pour l'exécution du service, sur l'ordre de ses chefs, donne lieu aux mêmes constatations et évaluations.

6° DÉGATS CAUSÉS DANS DES IMMEUBLES PAR LES VIBRATIONS DUES AUX TIRS DES OUVRAGES FIXES.

Délai dans lequel les intéressés peuvent présenter des réclamations.

Art. 37. La déclaration de ces dégradations n'est pas soumise à la déchéance instituée par la loi du 17 avril 1901, à l'égard des réclamations des riverains des champs de tir, lorsqu'il n'y a pas eu occupation des terrains des particuliers, comme c'est le cas général. Mais il y a tout avantage, dans ce cas, à ce que les personnes ayant subi des dégâts fassent valoir leurs droits dans le plus bref délai, de manière à éviter, dans la mesure du possible, que l'administration de la guerre ne soit saisie de réclamations pour des dégâts qui n'auraient pas été causés par l'ébranlement dû aux tirs.

Dans ces conditions, il sera toujours avantageux de demander au maire de faire savoir à ses administrés que ceux d'entre eux qui auraient subi des dommages devront en faire la déclaration dans les trois jours qui suivront les tirs, à telle autorité militaire désignée. D'autres moyens de publicité pourront également être employés.

Les réclamations formées après ce délai ne seront pas *ipso facto* inopérantes, mais leur bien-fondé devra être vérifié rigoureusement.

Examen des réclamations.

Art. 38. Il demeure entendu que, déposées en temps voulu, ou même tardivement, les réclamations suspectes devront être examinées; mais, dans ce cas, les intéressés devront être mis

---

(1) Cette disposition sera sans objet lorsqu'il aura été dressé procès-verbal par application de la loi du 29 mars 1806. (*Bulletin des lois*, t. 1ᵉʳ, p. 411.)

en demeure de fournir les preuves qui pourraient établir leur droit; de plus, une enquête sera ouverte chaque fois que cette enquête pourra porter sur un point précis et décisif en la matière.

La constatation et l'évaluation peuvent être opérées également par les soins du service de l'artillerie; mais, chaque fois que, en raison de la nature ou de l'importance des dégâts, ce service jugera qu'il ne dispose pas des moyens d'assurer une exacte estimation des dommages, il devra immédiatement demander au général commandant de corps d'armée ou de division (en Algérie ou en Tunisie) de désigner un officier du service du génie pour procéder à l'évaluation. En aucun cas, il ne sera fait appel à un expert civil.

Les prix d'unité à employer dans les devis seront ceux en usage dans la région et non ceux des marchés des services militaires.

7° ACCIDENTS DE CHEMIN DE FER.

Accidents à des militaires.

Art. 39. Il y a lieu de distinguer deux cas :

1° Le cas de l'accident individuel, ne provenant pas d'un fait donnant lieu nécessairement à une enquête de la part des ingénieurs du contrôle, tel, par exemple, qu'une secousse inopinée imprimée à des wagons au moment de la montée en wagon, l'écrasement d'une main dans une portière fermée brusquement par un employé, la chute d'un colis sur le pied d'un militaire, etc.;

2° Le cas d'accident occasionné par déraillement, collision de trains, éboulement de la voie, écroulement d'ouvrages d'art, etc.

Les accidents de la première catégorie donnent lieu à une enquête pratiquée suivant les conditions fixées par l'article 14 et à la production des renseignements indiqués aux articles 26, 27 et 28. Il est particulièrement recommandé au commandant d'armes de la garnison la plus proche du lieu de l'accident de se procurer des renseignements précis sur l'objet du déplacement, afin de permettre de reconnaître sûrement si l'homme voyageait pour l'exécution d'un service prévu par les règlements. Il conviendra à ce sujet de produire, à défaut de la feuille de route du blessé, une copie du talon du registre de route ou, le cas échéant, une copie du talon du bon de chemin de fer.

Lors d'accidents de la seconde catégorie, toute enquête sur les causes de l'accident est superflue.

S'il y a eu plusieurs militaires blessés ou tués dans l'accident, il est formellement prescrit au commandant de la brigade de gendarmerie, à défaut de commandant d'armes d'une garnison dans le lieu de l'accident, de relever *immédiatement* la liste des militaires atteints. Cette liste fera ressortir les noms, prénoms, grades et corps de ces militaires, l'indication sommaire de la blessure, l'indication des hôpitaux sur lesquels les militaires blessés ou tués ont été évacués.

Le dossier à transmettre à l'administration centrale comprendra :

1° La liste précité complétée par l'indication des hôpitaux sur lesquels les blessés auraient été dirigés après une première hospitalisation provisoire;

2° Les pièces énumérées à l'article 29 de la présente instruction;

3° La feuille de route des blessés et tués ou, à défaut, la copie des pièces indiquées plus haut;

4° Une expédition sur papier libre des jugements rendus à l'égard des agents de la Compagnie qui auront été l'objet de poursuites correctionnelles à l'occasion de l'accident.

Accidents à des animaux.

Art. 40. Il y a lieu également de distinguer les deux cas ci-dessus au sujet des accidents de personne.

Dans le premier cas, le dossier d'enquête comprend les déclarations de tous les témoins civils et militaires, un rapport du chef de corps et les pièces indiquées à l'article 32 de la présente instruction.

Dans le second cas, toute enquête est superflue et les pièces visées à cet article sont transmises à l'administration centrale accompagnées d'un relevé de tous les chevaux ou mulets blessés ou tués, établi immédiatement après l'accident, dans les conditions indiquées ci-dessus pour les militaires blessés.

Une expédition du jugement qui aurait pu être rendu contre tout agent de chemin de fer poursuivi par le procureur de la République est jointe au dossier.

8° ACCIDENTS SURVENUS A BORD DES NAVIRES.

Accidents causés à des militaires.

Art. 41. Les accidents survenus en cours de traversée à des militaires par le fait d'un passager civil, d'un homme de l'équipage ou même d'un militaire n'accomplissant pas un service commandé, sont toujours relatés de la façon la plus précise, avec l'indication de toutes les circonstances pouvant éclairer la question de responsabilité, par le commandant des troupes à bord, dans le rapport qu'il rédige pour être adressé au Ministre en exécution de l'article 27 de l'instruction du 8 novembre 1899.

Cet officier mentionne exactement le nom, les prénoms, le grade, le corps du militaire blessé, l'objet du déplacement accompli par ce dernier; il annexe à son rapport les déclarations des témoins sur les circonstances de l'accident.

En cas de disparition d'un militaire à bord en cours d une traversée, il s'applique à réunir les preuves que le militaire a bien été embarqué, en recueillant les déclarations des compagnons de route du disparu. Il recherche avec soin si ce dernier n'était pas en état d'ivresse ou de folie au moment probable de la disparition, s'enquiert de la possibilité d'un saut volontaire dans la mer et des motifs qui ont pu inciter le militaire à commettre cet acte, des mesures de surveillance spéciale qui auraient été réclamées à son égard, de l'exécution de ces mesures, des signes manifestes d'hallucination subite qu'il pourrait avoir donnés avant d'être embarqué.

Accidents survenus à des chevaux ou mulets.

Art. 42. Les accidents survenus à des chevaux au moment de l'embarquement et du débarquement sont l'objet d'une déclaration écrite par le conducteur du cheval, remise au fonctionnaire de l'intendance ou à l'officier chargé du service des embarquements dans le port où a eu lieu l'accident. Le militaire joint à sa déclaration les déclarations écrites des témoins de l'accident ou, à défaut de celles-ci, les noms et adresses de ces témoins. Le fonctionnaire de l'intendance ou l'officier précité prend d'extrême urgence les mesures nécessaires pour que les personnes qui n'ont pas fourni de déclarations écrites soient entendues par la gendarmerie. Enfin, il adresse au Ministre, sous le timbre de la Direction du Contentieux et de la Justice militaire, 1er Bureau, le dossier de l'affaire dûment complété par les pièces indiquées à l'article 33 de la présente instruction.

9° DÉGATS CAUSÉS DANS LES PROPRIÉTÉS PRIVÉES EN CAS DE CONCENTRATION DE TROUPE POUR LE MAINTIEN DE L'ORDRE OU POUR TOUTE AUTRE CAUSE QUE LES MANŒUVRES.

Dégâts aux cultures.

Art. 43. Les dégâts causés sur des terrains par le bivouac des hommes et des animaux, ainsi que par le dépôt de matériel, sont évalués et réglés dans les conditions fixées pour les dégâts des manœuvres du 2ᵉ groupe, par les articles 22, 23 et 24 de l'instruction du 17 août 1907. (Voir page 53.)

Le montant de la dépense incombe en totalité aux crédits du chapitre des réparations civiles.

Constatation préalable de l'état des bâtiments.

Art. 44. En ce qui concerne les dégâts causés dans les maisons et autres bâtiments couverts, dans les cours des habitations, dans les jardins enclos de murs ou de haies et attenant aux immeubles occupés, il y a lieu, en vue de l'observation des règles applicables aux dégâts de cantonnement d'opérer de la façon suivante :

Les corps procèdent, autant que possible, à la constatation immédiate de l'état des lieux dans les immeubles ou parties d'immeubles occupés. Cette constatation préalable sera effectuée par les soins d'un ou plusieurs officiers choisis parmi ceux qui présentent des garanties d'aptitude pour ce genre de travail. Mais pour les immeubles importants, lorsque le service du génie est représenté dans la place, il convient que le commandant d'armes lui remette le soin du constat, toutes les fois que le temps ne fait point défaut pour recourir à l'intervention de ce service. Il est dressé procès-verbal de cet état de lieux, en double expédition, dont l'une est remise au propriétaire de l'immeuble.

Evaluation des dégâts après l'évacuation des locaux.

Art. 45. Dès qu'une concentration de troupes en vue du maintien de l'ordre ou pour toute autre cause est prescrite, le général commandant le territoire du corps d'armée où a lieu la concentration désigne un, ou, s'il est nécessaire, plusieurs officiers choisis de préférence parmi les officiers et officiers d'administration du génie.

L'officier ainsi désigné est chargé, au jour de l'évacuation, de se mettre en relation avec l'officier laissé à la mairie pour recevoir les réclamations et procéder à la constatation contradictoire des dégâts.

L'officier expert reçoit les états de lieux dressés hors de l'occupation des immeubles et établit, en s'entourant de toutes les garanties convenables, un devis décompté des réparations.

Pour les dégâts échappant à sa compétence et lorsque l'importance des réclamations justifie la mesure, le général commandant le corps d'armée fait appel à un idoine. S'il s'agit de dommages aux récoltes ou au matériel de culture, il y a intérêt à désigner, pour en évaluer le montant, un officier d'administration du service des subsistances.

Les procès-verbaux classeront les dégâts en deux catégories : 1° ceux qui sont attribués à un défaut manifeste de surveillance ou de précautions élémentaires; 2° ceux qui proviennent, soit de l'impropriété des locaux au cantonnement, soit de l'entassement d'hommes ou d'animaux dans des locaux encombrés.

Mode de règlement des réclamations.

Art. 46. Le gouverneur militaire ou le général commandant le corps d'armée saisi des procès-verbaux d'expertise invite les chefs de corps à faire payer, sauf le cas d'erreurs matérielles dûment constatées, les sommes représentant le montant des dégâts de la première catégorie.

Pour les dégâts de la deuxième catégorie, il offre directement aux intéressés le montant des indemnités déterminées par les experts, lorsque ces indemnités sont inférieures à 500 francs. En cas de refus d'une offre, l'affaire est classée. Les pièces sont envoyées au corps de troupe intéressé afin que, si le chef de corps était assigné devant la juridiction civile, il dispose des éléments nécessaires pour sa défense.

En cas d'acceptation, le général commandant le corps d'armée adresse une expédition de sa décision au service de l'intendance et l'invite à faire mandater le montant de la créance sur les crédits des réparations civiles.

Les dossiers des indemnités supérieures à 500 francs sont adressés au Ministre.

Réclamations portant sur des griefs autres que les dégâts matériels.

Art. 47. Dans le cas de réclamations visant à la fois des dégâts matériels et le manque à gagner éprouvé par l'occupant, par suite de l'impossibilité où il s'est trouvé d'exercer son commerce ou son industrie, à raison de la présence de troupes dans les locaux dont il a la jouissance, le chef du génie examine et évalue seulement les dégâts matériels; il saisit aussitôt directement de la réclamation le service local de l'intendance, si ce service est représenté dans la place par un fonctionnaire de l'intendance; dans le cas contraire, il rend compte au général commandant le corps d'armée qui désigne un fonctionnaire de l'intendance pour procéder, sous toute réserve de la recevabilité de la demande, à une enquête précise sur la réalité et l'importance du préjudice invoqué. Il recueille à ce sujet tous les éléments d'appréciation permettant d'établir le décompte du dommage.

Le fonctionnaire de l'intendance transmet, par la voie hiérarchique, son rapport au Ministre qui se réserve entièrement le droit de statuer sur toute réclamation de ce genre.

Au rapport susvisé est jointe, en original ou copie conforme, la réquisition en vertu de laquelle l'immeuble a été mis à la disposition de la troupe.

Nécessité d'une réquisition de l'autorité civile pour l'occupation
d'un immeuble.

Art. 48. Il est formellement prescrit de ne jamais occuper d'immeuble, même du consentement du détenteur, sans que l'occupation de l'immeuble ait été l'objet d'une réquisition de l'autorité civile.

PARTIE V.

**Délégation de pouvoir du Ministre pour le règlement
de certains dégâts.**

Dégâts qui peuvent être l'objet d'une offre de règlement par le général
commandant le corps.

Art. 49. Dans les cas de dégâts causés soit à des immeubles, soit à des appareils d'éclairage, soit à des étalages, échafaudages et autres objets se trouvant sur la voie publique ou dans une propriété privée, par des automobiles ou par des chevaux de l'armée, ainsi que par des voitures attelées pour les besoins du service; dans les cas de dégâts d'immeubles occasionnés par les tirs des pièces d'artillerie des ouvrages fixes, dans les cas de bris accidentel de voitures louées par des commissions de classement et attelées de chevaux appartenant à l'armée, il ne sera point nécessaire de faire intervenir le Ministre lorsque l'estimation du dommage ne s'élèvera qu'à une somme ne dépassant pas 500 francs (1).

Ces dégâts sont estimés et évalués comme il est dit à l'article 35 de la partie IV. Le commandant d'armes adresse au gouverneur militaire, au général commandant le corps d'armée ou, en Algérie et en Tunisie, au général commandant la division, le dossier complet de l'affaire.

La somme à payer sera fixée par l'officier général ainsi saisi et communiquée par lui au directeur de l'intendance du gouvernement militaire, du corps d'armée ou de la division, avec invitation d'en prescrire le mandatement, si cette somme est acceptée par la partie intéressée.

L'imputation de la dépense a lieu sur les crédits des réparations civiles ou sur les crédits des exercices techniques suivant le cas.

Cette dépense sera inscrite dans la comptabilité des dépenses engagées tenue par l'ordonnateur.

A l'appui de la liquidation, devront figurer la pièce portant l'arrêté de compte par le service compétent et celle portant la décision du général. Il est d'ailleurs expressément prescrit de n'engager aucune discussion avec les réclamants au sujet du chiffre arrêté par l'idoine. Ce chiffre doit être considéré comme définissant exactement le montant de la dette de l'Etat et, à ce titre, ne peut être l'occasion d'une transaction.

Mesures à prendre en cas de refus d'une indemnité
offerte par un officier général.

Art. 50. En cas de refus de la somme ainsi arrêtée, le dossier sera transmis sans retard au Ministre à qui il appartient de prendre une décision que l'intéressé pourra déférer à la censure du Conseil d'Etat.

Dégâts causés par des véhicules de l'armée employés en dehors du service
par des officiers.

Art. 51. Il est formellement prescrit de ne pas régler les dégâts qui auraient été causés à des immeubles ou appareils d'éclairage, etc..., si, contrairement à la défense formulée dans la circulaire du 18 décembre 1906, les attelages ou voitures qui ont causé ces dégâts avaient été employés abusivement à des transports effectués dans un intérêt autre que celui du service.

____

(1) Somme portée à 2.000 francs (instr du 18 janvier 1916). Voir page 136 la circulaire du 9 juin 1916.

Le Ministre se réserve en effet, dans de tels cas, de prendre vis-à-vis de la personne dans l'intérêt de laquelle le service était exécuté telle mesure que de droit pour sauvegarder les intérêts de l'Etat.

Restriction à la délégation de pouvoir du Ministre.

Art. 52. Dans les cas où les dégâts causés à des becs de gaz, supports de fils électriques, poteaux, etc..., par des attelages ou des voitures seraient la conséquence d'une collision de ces attelages ou voitures avec des attelages, voitures ou automobiles appartenant à un particulier et seraient, par suite, de nature à engager la responsabilité d'un tiers, le dossier sera toujours transmis au Ministre qui se réserve le soin de régler les affaires de cette nature, quelle qu'en soit l'importance.

Circulaire relative au payement régulier des arrérages de rentes temporaires allouées par décisions ministérielles dans certains cas d'accidents.

Paris, le 30 novembre 1918.

De nombreuses réclamations me parviennent au sujet du non-payement, par le service de l'intendance, des rentes temporaires allouées aux victimes d'accidents, dont la responsabilité incombe au Département de la guerre.

L'exécution défectueuse des décisions ministérielles d'allocation de ces rentes suscite des plaintes, donne lieu à des échanges de correspondances, occasionne pour les intéressés des retards fâcheux, et pour les bureaux un travail sans profit.

Il convient donc que MM. les sous-intendants militaires sous vos ordres prennent des mesures pour que le service de ces rentes temporaires, soit assuré régulièrement.

Ils auront, à cet effet, à s'entendre, *une fois pour toutes*, avec les titulaires de rentes ou avec leurs représentants, s'ils sont mineurs, à l'effet de recevoir à date fixe les certificats de vie, de manière que les mandats puissent être établis dès le dernier jour du trimestre écoulé.

Circulaire relative aux dégâts de cantonnement.

(Direction du Contentieux et de la Justice militaire; Bureau
du Contentieux et des Réparations civiles.)

Paris, le 9 juin 1916.

Des difficultés se sont élevées sur le point de savoir quels sont
les dégâts dont le payement doit être imputé au chapitre 34 (lo
gement et cantonnement) ou au chapitre 15 (réparations civiles)
du budget de l'exercice 1916.

A. — Dégats de cantonnement (chap. 34 du budget).

Par dégâts de cantonnement, il ne faut pas entendre seulement
les dégradations de construction à l'intérieur des « maisons,
établissements, écuries, bâtiments ou abris de toute nature »,
mais aussi celles des objets faisant partie de l'immeuble par destination, ainsi que les bris de matériel de toute nature déposé
dans ces immeubles, les dégradations d'approvisionnements, de
matériaux, soit qu'il y ait eu inadvertance, négligence ou maladresse des occupants, soit qu'il 'y ait eu, par eux, emploi pour
la satisfaction de leurs besoins ou pour leur commodité. C'est
ainsi, notamment, que la détérioration de paille dont les hommes
se sont emparés pour leur couchage doit être rangée dans les dégâts de cantonnement.

Les cours, jardins ou terrains cultivés attenant à ces maisons
et clôturés par des murailles, grilles ou haies faisant en quelque
sorte partie de l'immeuble par destination, constituent des dépendances du « cantonnement », et les dégâts qui y sont causés ou sont causés aux objets placés dans ces dépendances (arbres, plantations, pompes, bancs, treillages, etc...) sont des dégâts de cantonnement.

Rentrent également sous cette rubrique les dégradations causées aux portes, grilles, piliers, ponceaux donnant accès à l'immeuble, murailles, etc..., par les véhicules de toute sorte entrant
ou sortant de l'immeuble dans lequel ils sont « en cantonnement », ainsi que les dégâts causés aux abreuvoirs.

Au contraire, les disparitions de grains et fourrages ne doivent pas être rangées parmi les dégâts de cantonnement. Lorsqu'il est etabli qu'elles proviennent de consommation par les animaux en cantonnement, elles donnent lieu à paiement sur les cré-

dits du service des fourrages. Quant aux vols de comestibles et objets divers, ils tombent sous le coup de l'article 248 du Code de justice militaire, et n'engagent que la responsabilité des auteurs, sous réserve néanmoins des sanctions disciplinaires à prendre à l'égard des gradés, s'il est établi qu'ils ont manqué de surveillance.

Il est rappelé que l'évaluation et le paiement des indemnités se rapportant aux dégâts mobiliers et immobiliers occasionnés par la mise en état de défense d'une localité, d'un immeuble, d'un ouvrage, incombent au service du génie, à la condition qu'il ne s'agisse pas de dégâts provenant de travaux motivés par l'effort immédiat de la lutte (Cf. circ. du 22 mars 1915); les dégâts de cette dernière catégorie constituent des « dommages de guerre », dont le règlement donne lieu à la procédure instituée par le décret du 20 juillet 1915 et la circulaire du Ministre de l'intérieur en date du 1er septembre 1915.

B. — Dégats d'immeubles (chap. 15 du budget).

Les dégâts d'immeubles dont le payement doit être assuré au moyen des crédits du chapitre 15, sont les dégâts causés par des automobiles sous l'effet d'une fausse manœuvre ou d'un détraquement de mécanisme, et par des voitures dont les chevaux se sont emportés ou ont été mal dirigés : tels sont, en particulier, les bris de devantures de magasins, d'étalages, d'appareils d'éclairage éclairant la porte d'entrée, l'arrachement de bannes, etc...

Pour le règlement de ces dégâts, comme pour celui de tous objets en place sur la voie publique (bancs, grilles, kiosques, édicules divers, échafaudages, palissades temporaires, lampadaires, véhicules en station, etc.), la décision ministérielle du 18 janvier 1916 a étendu à 2.000 francs la délégation donnée aux gouverneurs militaires, aux généraux commandants de corps d'armée, aux généraux commandant les divisions en Algérie et en Tunisie par l'article 49 de l'instruction du 25 janvier 1912, dans les cas où il n'y a pas d'action récursoire à engager contre des tiers.

La délégation donnée aux généraux commandants de corps d'armée s'applique *ipso facto*, depuis la mobilisation, aux généraux commandant les régions. Ainsi la limite de 500 francs fixée par l'article 49 précité est portée à 2.000 francs; la procédure à appliquer est celle de l'article 49.

Cette même décision a institué une délégation pour le règlement des accidents d'animaux appartenant à des particuliers, lorsqu'il n'y a pas de recours à exercer contre des tiers. Dans ce cas, le pouvoir de délégation reste limité à 500 francs.

Il est rappelé que les dégâts provenant de l'incendie d'un immeuble où des troupes sont cantonnées ne sont pas régis par les règles applicables à la constatation et au paiement des dégâts et dommages de cantonnement visés par la loi du 3 juillet 1877 sur les réquisitions militaires. La procédure des articles 14 et 26 de ladite loi leur est donc inapplicable, et il appartient au Ministre de fixer par décision le montant de l'indemnité due, le cas échéant, au sinistré. Les règles, pour l'instruction des affaires d'incendie de cantonnement dans la zone de l'intérieur ont été données d'une façon explicite par l'article 32 de l'instruction du 17 août 1907; en ce qui concerne la zone des armées, elles font l'objet de la circulaire du 14 février 1916 (non insérée au *Bulletin officiel*) et de la circulaire du 9 mai 1916 (voir page 81).

IIIᵉ PARTIE.

Organisation des champs de tir.

Etude des régimes des champs de tirs pour armes portatives.
(Direction du génie.)

Paris, le 27 avril 1894.

Mon cher général, en raison de la portée des armes actuellement en service, l'établissement des régimes des nouveaux champs de tir destinés aux armes portatives, de même que la revision des régimes existants, donnent lieu souvent aux difficultés les plus sérieuses, vu la nécessité de concilier les intérêts des propriétaires riverains avec ceux de l'instruction des troupes.

Or, j'ai été amené à constater, à diverses reprises, que, dans les conférences mixtes tenues pour l'étude de ces questions, les représentants du service militaire ont, après accord avec le commandant d'armes de la garnison, réclamé un nombre de séances de tir manifestement exagéré et hors de proportion avec les effectifs normaux ou éventuels à instruire. D'autre part, dans certains cas où il semblait possible de répartir les séances sur un petit nombre de mois, de façon à donner à la fois satisfaction aux exigences de la culture et à celles de l'instruction de la troupe, on a demandé que ces séances fussent réparties sur presque toute l'année.

En ces circonstances, des oppositions, quelquefois très vives, se sont produites de la part des représentants des services civils ou des maires des communes.

Il ne vous échappera pas, du reste, que, sauf dans quelques cas exceptionnellement favorables, l'établissement d'un champ de tir constitue, le plus souvent, pour les propriétaires riverains une gêne réelle qu'il est équitable de réduire dans la mesure du possible, toutes dispositions prises à cet effet paraissant, d'ailleurs, de nature à diminuer le nombre et l'importance des demandes d'indemnité qui peuvent m'être adressées en raison de dommages ou dégâts causés par les tirs.

Pour ces raisons, je décide que les dispositions de la circulaire n° 41 du 14 août 1879 (1), aux termes desquelles aucune conférence concernant l'établissement ou la revision des régimes des champs de tir situés hors de la zone frontière ne peut être ouverte par le service militaire avant que les propositions à présenter dans ladite conférence n'aient été soumises à mon approbation, seront étendues à tous les champs de tir pour armes portatives, qu'ils soient ou non hors de la zone frontière

Les propositions dont il s'agit seront formulées dans une conférence à tenir, dans chaque cas, entre le chef du génie et le commandant d'armes, ce dernier étant suppléé par le major de la garnison s'il est du grade d'officier général. Le procès-verbal intervenu devra fournir, outre les renseignements énumérés à la page 3 de la circulaire précitée (2), toutes les indications nécessaires pour justifier le nombre et la répartition des séances de tir demandées, notamment : composition et effectif de la garnison normale; nombre maximum de réservistes et de territoriaux dont l'appel est à prévoir chaque année; nombre et époques des séances à affecter à chaque corps, pour les effectifs normaux et éventuels; quantité de balles à tirer par chaque corps; nature des terrains des propriétés riveraines et usages suivis, dans la région, pour les travaux agricoles.

Le général commandant la subdivision et le directeur du génie seront appelés à fournir leur avis, et vous voudrez bien me transmettre les procès-verbaux intervenus, en y consignant votre opinion personnelle. C'est seulement après que les propositions ainsi formulées auront reçu mon approbation que les conférences mixtes réglementaires pourront être ouvertes, par le chef du génie s'il s'agit d'un champ de tir situé dans la zone frontière, par le directeur du génie dans le cas contraire.

Je vous prie de vouloir bien notifier cette décision aux officiers généraux, directeurs et chefs du génie sous vos ordres.

. . . .

(1) Remplacée par la circulaire du 21 mai 1895 ci-après.
(2) Renseignements portés dans le paragraphe « détails d'exécution de l'arrêté » de la circulaire du 21 mai 1895 (3° alinéa, page 142).

Notification de l'arrêté du 8 avril 1895 concernant l'instruction des affaires relatives à l'établissement des champs de tir situés en dehors de la zone frontière.

(Directions de l'Artillerie et du Génie.)

Paris, le 21 mai 1895.

Messieurs, la procédure actuellement suivie pour l'établissement des champs de tir en dehors de la zone frontière a été réglée par l'arrêté des Ministres de la guerre et des travaux publics en date du 23 juin 1879.

Aux termes de cet arrêté, les régimes des champs de tir dont il s'agit sont étudiés dans une conférence à un seul degré, entre le directeur du service militaire intéressé (artillerie ou génie) et l'ingénieur en chef des ponts et chaussées chargé du service ordinaire du département dans lequel se trouve le champ de tir. Ce fonctionnaire a qualité pour adhérer directement, au nom du Département des travaux publics, aux propositions du service militaire; à défaut d'adhésion directe et si l'accord ne s'établit pas entre les deux Départements des travaux publics et de la guerre, les Ministres prennent l'avis de la commission mixte des travaux publics agissant comme commission arbitrale.

L'administration de l'intérieur n'intervenait donc pas dans l'instruction, quoique les questions de régime touchent aux intérêts de la vicinalité comme à ceux de la grande voirie; de plus, bien que généralement, dans la pratique, ils fussent consultés, les maires des communes n'étaient pas obligatoirement entendus à la conférence.

L'attention de l'un de mes prédécesseurs ayant été appelée sur ces divers points, une commission spéciale composée d'officiers généraux et de hauts fonctionnaires fut chargée d'étudier les modifications à apporter à la procédure instituée en 1879.

Sur le rapport de cette commission, j'ai pris, à la date du 8 avril dernier, — de concert avec mes collègues de l'intérieur et des travaux publics, — un arrêté abrogeant celui du 23 juin 1879, et dont le texte est reproduit à la suite de la présente circulaire.

La nouvelle réglementation conserve la plupart des principes posés par l'arrêté de 1879. Les seules innovations introduites sont les suivantes :

1° L'ingénieur en chef des ponts et chaussées intervient dans l'instruction comme représentant des deux Départements de l'intérieur et des travaux publics;

2° La procédure prescrite s'applique indistinctement à l'organisation de tous les champs de tir situés hors de la zone frontière, quelle que soit la nature des tirs à y exécuter;

3° La conférence sera tenue effectivement, à la mairie de l'une des communes intéressées, et les agents voyers en chef, maires ou adjoints, ingénieurs ou représentants des compagnies y seront entendus;

4° Les directeurs d'artillerie ou du génie auront, comme les ingénieurs en chef, le droit d'adhésion directe, sans conditions ou sous réserves.

DÉTAILS D'EXÉCUTION DE L'ARRÊTÉ.

Lorsque les études concernant la création d'un nouveau champ de tir en dehors de la zone frontière ou les modifications à apporter à un champ de tir existant en dehors de cette zone auront été effectuées, le service chargé de ces études devra, préalablement à toute mesure tendant à la réalisation de l'organisation ou des modifications projetées (négociation de promesses de vente, etc.), demander l'autorisation d'ouvrir la conférence prescrite par l'article 1er de l'arrêté.

A cet effet, ce service soumettra au Ministre, en même temps que les propositions résultant des études dont il s'agit, un projet de régime, destiné à définir les conditions locales suivant lesquelles les tirs peuvent s'exécuter, en tenant compte des divers intérêts en présence.

Ce projet de régime, auquel seront annexés tous plans nécessaires, devra déterminer, dans tous les cas :

1° Les époques, jours et heures des tirs;

2° La nomenclature des bouches à feu et armes dont le tir peut sans inconvénient avoir lieu, ainsi que la nature de leur tir;

3° Les secteurs dans lesquels les lignes de tir peuvent être tracées avec l'indication des bouches à feu ou armes auxquelles ces lignes de tir sont affectées, et l'indication des limites en deçà ou au delà desquelles on devra placer les objectifs, les cibles ou les tireurs;

4° Les consignes à observer pour assurer la sécurité des voies de communication et des propriétés riveraines.

S'il s'agit d'un champ de tir exclusivement destiné aux armes portatives, et dépendant du service du génie, ce projet sera d'ailleurs établi dans les conditions fixées par la lettre collective n° 8790 (4ᵉ Direction; 2ᵉ Bureau) du 27 avril 1894.

C'est seulement lorsqu'une approbation de principe sera intervenue que la conférence avec le représentant du service civil pourra être ouverte, savoir :

Pour un polygone ou champ de tir permanent ou éventuel dépendant d'un établissement de l'artillerie, par le directeur de cet établissement;

Pour un champ de tir spécialement destiné au tir à la cible et dépendant du service du génie, par le directeur du génie.

Le procès-verbal de la conférence me sera transmis, par la voie hiérarchique et dans le plus bref délai possible, sous le timbre du bureau compétent de l'administration centrale. Il sera accompagné, s'il y a lieu, de l'avis personnel des officiers généraux chargés de le transmettre; mais ces avis devront toujours être libellés sur un document distinct du procès-verbal.

Dans le cas où, par application des dispositions de l'article 3 de l'arrêté, l'ingénieur en chef provoquera l'ouverture d'une conférence, le directeur intéressé devra me rendre compte d'urgence de l'invitation qu'il aura reçue pour conférer, et me faire connaître, par un rapport spécial, son avis au sujet des demandes formulées par le service civil; il ne pourra faire usage de son droit d'adhésion directe qu'après avoir reçu un accusé de réception de ce rapport. En outre, s'il s'agit d'un champ de tir exclusivement affecté aux armes portatives et dépendant du service du génie, le directeur de ce service devra, le cas échéant, provoquer la réunion de la conférence militaire prescrite par la lettre collective du 27 avril 1894 susvisée.

DISPOSITIONS GÉNÉRALES.

Les régimes des champs de tir sont approuvés par le Ministre; aucune modification ne peut y être apportée sans autorisation ministérielle. Les commandants d'armes veillent à l'observation des prescriptions de ces régimes.

Les prescriptions de l'arrêté du 8 avril 1895 ne sont d'ailleurs point applicables aux champs de tir existant actuellement dans la zone frontière, ou qu'il pourrait y avoir lieu d'y établir. Les questions relatives à ces champs de tir doivent être instruites suivant la procédure prescrite pour les affaires mixtes par les décrets des 16 août 1853 et 8 septembre 1878 (vol. 48[4]).

D'autre part, en ce qui concerne les champs de tir actuellement existants en dehors de la zone frontière, on ne devra recourir à la procédure instituée par le nouvel arrêté que si des modifications sont projetées par l'autorité militaire, ou expressément demandées, au nom des services qu'il représente, par l'ingénieur en chef des ponts et chaussées.

* * *

Arrêté concernant l'instruction des affaires relatives à l'établissement des champs de tir situés en dehors de la zone frontière.

Paris, le 8 avril 1895.

Les Ministres de l'intérieur, des travaux publics et de la guerre,

Vu l'arrêté des Ministres des travaux publics et de la guerre, en date du 23 juin 1879, concernant l'instruction des affaires relatives à l'établissement des champs de tir situés en dehors de la zone frontière;

Considérant qu'il est devenu nécessaire de modifier les dispositions de cet arrêté,

Arrêtent :

Art. 1er. Les questions relatives à la création de nouveaux champs de tir en dehors de cette zone feront l'objet de conférences locales entre le service militaire et le service des ponts et chaussées, qui y représentera les Départements ministériels de l'intérieur et des travaux publics.

Ces conférences seront obligatoires, aussi bien à l'égard des champs de tir à créer à titre définitif qu'à l'égard des champs de tir à établir à titre d'essai pour le tir ordinaire des bouches à feu et le tir dit à la cible des armes portatives; il en sera de même pour les champs de tir temporaires destinés à l'exécution des exercices dits « tirs de combat ».

Art. 2. Les conférences mentionnées à l'article précédent auront lieu à un seul degré entre le directeur du génie ou le directeur de l'établissement de l'artillerie intéressé et l'ingénieur en chef des ponts et chaussées chargé du service ordinaire du département.

Elles seront tenues à la mairie de l'une des communes inté-ressées.

Il en sera dressé procès-verbal avec plans à l'appui, et il sera fait de ce procès-verbal et des plans annexés, par le service qui aura provoqué la conférence, autant d'expéditions qu'il y aura de Ministres intéressés.

Seront entendus dans la conférence, tant pour fournir les explications nécessaires que pour présenter et formuler les observations ou les adhésions qu'ils jugeront convenables, l'agent voyer en chef et les maires ou adjoints des communes inté-ressées et, lorsqu'il y aura lieu, les ingénieurs ou les repré-sentants des compagnies. Ils pourront faire consigner au procès-verbal les explications et les observations qui leur paraîtront utiles.

Art. 3. Les conférences ci-dessus mentionnées seront traitées d'urgence.

Elles auront lieu préalablement à toute exécution a la dili-gence du directeur du génie ou de l'artillerie intéressé, qui com-muniquera à l'avance ses projets à l'ingénieur en chef.

Ce dernier pourra provoquer des conférences de même nature et tenues dans la même forme lorsqu'il le jugera nécessaire dans l'intérêt des services civils ou lorsqu'il y sera invité par le Mi-nistre de l'intérieur ou des travaux publics.

Art. 4. L'ingénieur en chef aura la faculté d'adhérer directe-ment aux projets qui lui seront présentés.

Les directeurs du génie et de l'artillerie auront également, de leur côté, la faculté d'adhérer directement aux propositions qui leur seront soumises.

Il sera stipulé au procès-verbal de la conférence que les adhé-sions directes ainsi délivrées sont données par application du présent article.

. Ces adhésions pourront d'ailleurs être subordonnées aux con-ditions qu'il sera jugé nécessaire d'imposer, et elles ne seront valables que si mention de l'acceptation de ces conditions est faite au procès-verbal.

Art. 5. Une expédition du procès-verbal de la conférence sera adressée sur-le-champ à chacun des Ministres intéressés.

A défaut d'adhésions directes, les Ministres statueront après concert préalable et, en cas de désaccord, ils porteront l'affaire devant la commission mixte des travaux publics, qui décidera comme commission arbitrale.

Art. 6. L'arrêté du 23 juin 1879 est et demeure abrogé.

Le Ministre de l'intérieur,   *Le Ministre des travaux publics,*
G. LEYGUES.   DUPUY-DUTEMPS.

Le Ministre de la guerre,
Gal ZURLINDEN.

Arrêté concernant l'instruction des affaires relatives à l'établissement des champs de tir en Algérie, en dehors de la zone frontière.

(Directions du Génie et de l'Artillerie.)

Paris, le 20 mai 1900.

Le président du conseil, Ministre de l'intérieur et des cultes, et le Ministre de la guerre,

Vu les propositions du gouverneur général de l'Algérie;

Les décrets des 31 décembre 1896 et 23 août 1898 sur le gouvernement et la haute administration en Algérie;

Le décret du 18 août 1897 fixant les attributions du gouverneur général de l'Algérie en ce qui concerne les services des travaux publics et des mines,

Arrêtent :

Art. 1er. Les questions relatives à la création de nouveaux champs de tir en dehors de la zone frontière et aux modifications à apporter à ceux existant en dehors de cette zone feront, en Algérie, l'objet de conférences locales entre le service militaire et le service des ponts et chaussées qui y représentera le Ministre de l'intérieur et le gouverneur général, agissant en vertu des pouvoirs qui lui sont conférés par le décret du 18 août 1897, susvisé.

Ces conférences seront obligatoires aussi bien pour les champs de tir temporaires et de circonstance que pour les champs de tir permanents.

Art. 2. Les conférences mentionnées à l'article précédent auront lieu à un seul degré entre le chef du génie ou le commandant de l'artillerie de l'arrondissement intéressé et l'ingénieur des ponts et chaussées chargé du service ordinaire de la circonscription.

Elles seront tenues à la mairie de l'une des communes intéressées.

Il en sera dressé procès-verbal avec plans à l'appui et il sera fait de ce procès-verbal et des plans annexés, par le service qui aura provoqué la conférence, autant d'expéditions qu'il y aura d'administrations ou de services intéressés (2 expéditions pour l'administration de la guerre).

Seront entendus dans la conférence, tant pour fournir les explications nécessaires que pour présenter et formuler les observations ou les adhésions qu'ils jugeront convenables, l'agent voyer en chef ou son délégué, les maires ou adjoints et les administrateurs ou administrateurs adjoints des communes de plein exercice et des communes mixtes intéressées et, lorsqu'il y aura lieu, les ingénieurs ou représentants des compagnies de chemins de fer. Ils pourront faire consigner au procès-verbal les explications et les observations qui leur paraîtront utiles.

Art. 3. Les conférences ci-dessus désignées seront traitées d'urgence.

Elles auront lieu préalablement à toute exécution, à la diligence du chef du génie ou du commandant de l'artillerie de l'arrondissement intéressé qui communiquera à l'avance ses projets à l'ingénieur des ponts et chaussées chargé du service ordinaire de la circonscription.

Ce dernier pourra provoquer des conférences de même nature et tenues dans la même forme, lorsqu'il le jugera nécessaire dans l'intérêt des services civils ou lorsqu'il y sera invité par le gouverneur général de l'Algérie.

Art. 4. L'ingénieur des ponts et chaussées chargé du service ordinaire de la circonscription aura la faculté d'adhérer directement aux projets qui lui seront présentés.

Le chef du génie et le commandant d'artillerie de l'arrondissement auront également, de leur côté, la faculté d'adhérer directement aux propositions qui leur seront soumises.

Il sera stipulé au procès-verbal de la conférence que les adhésions directes ainsi délivrées sont données par application du présent article.

Ces adhésions peuvent, d'ailleurs, être subordonnées aux conditions qu'il sera jugé nécessaire d'imposer et elles ne seront valables que si mention de l'acceptation de ces conditions est faite au procès-verbal.

Art. 5. Les expéditions du procès-verbal de la conférence seront adressées sur-le-champ à chacun des Ministres intéressés et au gouverneur général de l'Algérie.

A défaut d'adhésions directes, les Ministres statueront après concert préalable, sur avis du gouverneur général de l'Algérie. En cas de désaccord, l'affaire sera portée devant la commission arbitrale.

Art. 6. Le gouverneur général de l'Algérie est chargé d'assurer l'exécution du présent arrêté, qui sera inséré au *Bulletin officiel* du gouvernement général de l'Algérie.

Le Président du Conseil,

Ministre de l'intérieur et des cultes,

Waldeck-Rousseau.

Le Ministre de la guerre,

Gai liffet.

Instruction pour l'application de la loi du 17 avril 1901, relative à l'exécution des tirs de toutes armes.

(Direction du Contentieux et de la Justice militaire.)

Paris, le 3 août 1901.

AVERTISSEMENT.

La loi du 17 avril 1901 comprend trois parties principales :

1° Elle consacre, pour l'autorité militaire, le droit d'occuper ou d'interdire temporairement, moyennant indemnités, les propriétés privées pour l'exécution des exercices de tir ;

2° Elle modifie la procédure actuellement suivie pour le règlement des indemnités en cas de dommages causés aux propriétés à l'occasion des exercices de tir et prescrit que ce règlement aura lieu désormais d'après des règles analogues a celles suivies dans les manœuvres et dans des conditions à déterminer par un règlement d'administration publique;

3° Elle donne aux communes droit à des subventions pour dégradations causées à leurs chemins, soit par l'exécution des tirs, soit par les charrois qu'ils occasionnent, et fixe le mode d'allocation de ces subventions.

La loi comporte, en outre, certaines modifications de détail à la législation sur les manœuvres.

I. — RÉGLEMENTATION DES OCCUPATIONS OU INTERDICTIONS TEMPORAIRES DES PROPRIÉTÉS PRIVÉES A L'OCCASION DES EXERCICES DE TIR (1).

§ 1er. — *Champs de tir permanents ou temporaires.*

Principes généraux.

Sans modifier la procédure en vigueur pour la création et l'organisation intérieure des champs de tir permanents ou temporaires, la loi du 17 avril 1901 nécessite l'adjonction à cette procédure de la réglementation de l'interdiction des zones dangereuses extérieures, lorsqu'il y a lieu de craindre que les propriétés riveraines puissent recevoir des éclats ou des ricochets.

Dans ce cas, la loi nouvelle, en donnant à l'autorité militaire le droit d'interdire les terrains dangereux, lui confère, par cela même, le droit d'arrêter, sous sa responsabilité, la délimitation de ces terrains et les mesures de sécurité à prendre pour leur interdiction.

Mais la détermination de ces éléments ne saurait être arrêtée sans que l'autorité militaire se renseigne préalablement sur les observations auxquelles ses projets pourraient donner lieu de la part des services publics ou des municipalités et, la conférence étant le moyen le plus pratique d'effectuer cette consultation, il conviendra, soit de joindre, quand il y aura lieu, ces éléments aux questions à étudier dans les conférences réglementaires tenues pour la création des champs de tir ou des modifications à y apporter par la suite, soit d'en faire l'objet de conférences spéciales.

Organisation de nouveaux champs de tir.

En conséquence, lors du premier établissement d'un champ de tir, permanent ou temporaire, on continuera à se conformer à la procédure antérieure, c'est-à-dire aux décrets des 16 août

---

(1) Nouveau texte (modifications du 9 avril 1902, *B. O.*, p. 438).

1853 et 8 septembre 1878 (vol. 48⁴) quand le champ de tir sera situé dans la zone frontière, à l'arrêté interministériel du 8 avril
1895 (voir p. 144) quand il se trouvera en dehors de cette zone, ou
enfin à l'arrêté interministériel du 20 mai 1900 (voir p. 146) quand
il se trouvera en dehors de cette zone en Algérie. Mais s'il est à
craindre que, dans le fonctionnement du champ de tir, les propriétés riveraines puissent recevoir des atteintes, on examinera, en
outre, dans les conférences, les mesures à prendre pour la délimitation et l'interdiction des terrains dangereux, et ces mesures
seront ajoutées au régime du champ de tir, dont elles formeront
une partie spéciale, dénommée « régime extérieur », qu'il sera
possible de modifier ensuite selon les résultats de l'expérience
sans qu'il soit nécessaire de reprendre toute l'instruction (1).

Division du régime.

Le régime comportera donc désormais deux parties :

1° *Le régime intérieur*, comprenant les mesures relatives à
l'organisation intérieure du champ de tir, savoir :

Les époques générales, les jours de la semaine et les heures
de la journée où auront lieu les tirs ;

La nomenclature des bouches à feu et armes dont le tir
peut avoir lieu, ainsi que la nature du tir ;

Les secteurs dans lesquels les lignes de tir peuvent être
tracées avec l'indication des bouches à feu **ou** armes auxquelles ces lignes de tir sont affectées et l'indication des limites en deçà ou delà desquelles on devra placer les objectifs,
les cibles et les tireurs.

2° *Le régime extérieur* comprenant les mesures destinées à
assurer la sécurité des populations, savoir :

Les limites des zones dangereuses, correspondant aux différents tirs, où le stationnement et la circulation dans les propriétés et les voies de communication seront interdits pendant
l'exécution des feux ;

Les mesures à prendre, lors de l'exécution des différents
tirs, pour signaler les terrains et les voies de communication
qui seront interdits, et pour faire connaître les moments où ces
terrains et chemins devront être évacués, ceux où les tirs com-
menceront, seront suspendus ou cesseront.

---

(1) Nouvelle rédaction (circ. du 20 juin 1906. *B O.*, p. 800)

Communication des projets de régime aux autorités civiles.

De plus, les projets de l'autorité militaire, en ce qui concerne le champ de tir, seront communiqués, quinze jours au moins avant l'ouverture des conférences, aux représentants des services publics et, par l'intermédiaire du préfet, aux maires des communes intéressées ; ils seront appuyés d'un extrait de carte teinté, à l'échelle convenable, indiquant clairement les limites du champ de tir et des zones dangereuses extérieures correspondant aux différents tirs.

Chaque maire fera déposer ce projet à la mairie de la commune et en préviendra, par voie de publications et d'affiches, ses administrés.

Conférences d'organisation.

Les maires ou leurs adjoints seront ensuite entendus dans les conférences, conformément aux prescriptions des décrets et arrêtés susvisés, et leurs adhésions ou observations seront consignées au procès-verbal.

Le commandant d'armes ou son délégué sera également entendu aux conférences pour la discussion des services de sécurité à organiser pendant l'exécution des tirs. On devra entendre par « commandant d'armes », pour les champs de tir qui ne relèvent pas d'une place déterminée, l'autorité militaire territoriale qui a la police du champ de tir dans ses attributions.

Approbation et notification des régimes.

Le régime approuvé à la suite de l'établissement du champ de tir sera notifié par le Ministre de la guerre, d'une part, au général commandant le corps d'armée chargé d'en assurer l'exécution ; d'autre part, au préfet chargé de donner les instructions nécessaires aux services publics et de notifier les mesures adoptées aux maires des communes intéressées.

Les maires porteront les dispositions du régime extérieur à la connaissance des populations par tous les moyens de publicité en leur pouvoir ; une copie appuyée d'un extrait de carte teinté en sera déposée à la mairie.

Revision des régimes.

Si, postérieurement à l'établissement du champ de tir, il y a lieu d'y apporter une modification affectant son organisation intérieure, la procédure sera reprise conformément aux règles qui ont présidé à son premier établissement.

Mais si la modification n'affecte que le régime extérieur, c'est-à-dire les mesures de sécurité incombant exclusivement à l'autorité militaire, cette modification sera étudiée, à la diligence du service militaire intéressé, dans une conférence spéciale à laquelle prendront part :

1° Le directeur de l'artillerie ou du génie, selon que le champ de tir sera dans les attributions de l'un ou de l'autre de ces services ;

2° Le commandant d'armes ou son délégué ;

3° Les représentants des services publics que concerne la modification ;

4° Les maires ou adjoints des communes intéressées.

Les services publics, ou les préfets, soit de leur initiative propre, soit sur la demande des maires approuvée par eux, pourront également demander l'ouverture de conférences de même nature, lorsqu'ils estimeront qu'il y a lieu, soit d'établir une zone dangereuse autour d'un champ de tir qui n'en comportait pas, soit de modifier la délimitation de la zone ou les mesures de sécurité précédemment adoptées.

Ces demandes seront transmises, par l'autorité militaire territoriale, au Ministre de la guerre, qui décidera si les conférences doivent avoir lieu.

Les procès-verbaux des conférences seront ensuite adressés au Ministre de la guerre, qui statuera.

Le procès-verbal mentionnera. le cas échéant, l'absence des représentants des services publics ou des maires qui ne se seraient pas rendus à la conférence, cette absence ne pouvant empêcher de donner suite à l'étude des mesures de sécurité qui doivent être arrêtées en dernier ressort par l'autorité militaire, sous sa responsabilité.

Les modifications apportées au régime seront notifiées, par le préfet, aux maires des communes intéressées, qui en aviseront les populations.

Avis d'exécution des tirs.

Le régime général des champs de tir ayant été déterminé comme il vient d'être dit, lorsqu'un exercice de tir isolé ou une série d'exercices de tir devra être effectué, le commandant d'armes fera connaître directement aux représentants des services intéressés et aux maires, huit jours au moins à l'avance, les jours et heures d'exécution du tir, ou la date du commencement des exercices, avec leur programme journalier indiquant les heures d'ouverture, d'interruption et de cessation du feu. A moins de cas exceptionnels, ces heures devront être réglées de telle sorte que les tirs ne commencent pas avant 5 heures du matin, ne se terminent pas après 4 heures du soir et qu'il y ait au moins une interruption de deux heures au milieu de la journée.

L'autorité militaire indiquera également la date à partir de laquelle les demandes d'indemnités devront être produites conformément à la loi du 17 avril 1901, dans un délai de trois jours, soit après l'exécution des exercices de tir isolés, soit à la fin des séries de tir.

Les maires porteront aussitôt ces renseignements à la connaissance des populations.

Dans le cas où le tir prescrit pour un jour déterminé ne pourrait pas avoir lieu, le chef de la troupe qui devait l'exécuter avisera directement les services publics et les maires intéressés et leur fera connaître la date à laquelle le tir sera reporté ; le nouveau tir pourra, dans ce cas, être exécuté vingt-quatre heures après l'avis.

§ 2. — *Champs de tir de circonstance.*

Principes généraux.

La loi du 17 avril 1901 reconnaissant désormais à l'autorité militaire le droit d'occuper, moyennant indemnités, les propriétés privées en vue de l'exécution des exercices de tir, il n'y aura plus besoin, pour l'organisation des tirs de circonstance, de recourir à la procédure compliquée de l'établissement des champs de tir, comme on l'avait fait précédemment pour tirer de cette procédure le droit qui était contesté.

Il a donc été possible d'instituer une procédure plus simple et mieux adaptée au caractère de ces tirs, qui doivent être des *manœuvres avec feux réels*, de courte durée.

Mais l'autorité militaire ne saurait évidemment, sans excéder ses pouvoirs, appliquer cette procédure pour l'organisation d'une série de tirs nécessitant une occupation prolongée ou répétée des mêmes terrains.

Conférences d'organisation.

On devra donc prendre comme règle absolue que l'occupation des propriétés privées en vue de l'organisation des tirs de circonstance ne devra pas, à moins de l'assentiment des services publics et des maires intéressés, avoir lieu pour plus de deux jours consécutifs, ni être renouvelée plus d'une fois par an, sur les mêmes terrains.

Quand il y aura lieu d'organiser un de ces tirs, l'autorité militaire fixera :

1° La zone à occuper, sur laquelle seront placés les troupes et les objectifs, avec la direction des lignes de tir :

2° Le terrain qui constituera, autour de cette première zone, la zone dangereuse à interdire ;

3° Les mesures de sécurité ayant pour objet de réglementer dans les deux zones le stationnement et la circulation pendant le tir ;

4° Les jours et heures auxquels les tirs seront exécutés, et, au cas où ils ne pourraient pas avoir lieux aux jours fixés, les jours auxquels ils seraient reportés.

La détermination de ces éléments sera faite, tant dans la zone frontière qu'en dehors, à la suite d'une conférence à un seul degré, à laquelle prendront part :

1° Le directeur de l'école d'artillerie, si le tir ne doit être exécuté que par des troupes de cette arme, ou le directeur ou le chef du génie, si le tir doit être exécuté par des troupes d'infanterie ou des troupes de toutes armes ;

2° Le commandant de la troupe ayant à exécuter les tirs ;

3° Les représentants des divers services publics intéressés désignés par le préfet ;

4° Les maires ou adjoints des communes.

La conférence aura lieu à la diligence du général commandant le corps d'armée, qui en prendra l'initiative en communiquant. quinze jours au moins à l'avance, ses projets au préfet, lequel préviendra les services publics et les municipalités.

Les représentants des services publics et des municipalités formuleront, à la conférence, leurs adhésions ou observations. qui seront consignées au procès-verbal.

Le procès-verbal mentionnera également, s'il y a lieu, l'absence des représentants des services publics ou des maires qui ne se seraient pas rendus à la conférence.

S'il y a adhésion unanime et sans réserve des conférents, le procès-verbal sera adressé au général commandant le corps d'armée, qui l'approuvera et notifiera sa décision directement aux autorités militaires chargées de l'exécution, ainsi qu'aux représentants des services publics et aux maires intéressés. Cet officier général préviendra, en même temps, les maires de la date à partir de laquelle les demandes d'indemnités devront être produites, conformément à la loi du 17 avril 1901, dans un délai de trois jours après l'exécution du dernier tir, et il invitera, s'il n'y a qu'une commune, le maire à désigner le membre civil qui devra faire partie de la commission de règlement des indemnités prévue par l'article 112 du décret du 2 août 1877, modifié par le décret du 29 décembre 1901 (1). Le commandant du corps d'armée préviendra également le préfet en lui demandant, quand il y aura plusieurs communes, de désigner le membre civil de la commission.

---

(1) Modifié par le décret du 25 juillet 1912 (vol. 70).

Le tir pourra avoir lieu huit jours après la notification faite aux maires, conformément au paragraphe précédent. Les maires donneront la plus grande publicité aux dispositions prises et les notifieront individuellement à chacun des occupants des terrains compris dans la première zone.

En cas d'adhésion sous réserve de certaines modifications, le commandant du corps d'armée pourra également approuver le procès-verbal s'il accepte les modifications demandées ; il signalera alors ces modifications aux services et municipalités intéressés, en leur notifiant la décision prise, et les maires en aviseront les populations.

Si le commandant du corps d'armée ne croit pas devoir donner satisfaction aux réserves faites par les adhérents, ou s'il y a désaccord entre les conférents, le procès-verbal sera transmis au Ministre qui statuera et fera notifier sa décision au sujet de l'organisation des tirs par le commandant du corps d'armée, dans les conditions ci-dessus.

A cet effet, les conférences devront être tenues en temps utile pour que les procès-verbaux puissent être transmis au Ministre, deux mois au moins avant la date fixée pour l'exécution des tirs et, dans tous les cas, avant le 1er juin pour les tirs à exécuter dans le courant de l'année (1).

Il ne pourra pas être donné suite aux procès-verbaux qui parviendraient après cette date (1).

§ 3. — *Dispositions communes aux deux paragraphes précédents.*

Infractions aux consignes d'interdiction des zones dangereuses.

La constatation des infractions prévues par le paragraphe 3 du nouvel article 55 de la loi du 3 juillet 1877, modifiée par la loi du 17 avril 1901 (2), sera faite par les gardiens assermentés des champs de tir (officiers d'administration des services de l'artillerie et du génie et gardiens de batterie) et par les officiers de police judiciaire militaire désignés aux articles 84 et 85 du Code de justice militaire, ou, à leur défaut, sur la demande des militaires chargés du service de sécurité, par les gardes champêtres et les gardes forestiers.

Il est utile de faire remarquer que les agents de l'autorité militaire, qualifiés pour la constatation des infractions, comprendront notamment :

---

(1) Addition du 9 octobre 1903 (*B. O.*, p 1476).
(2) Codifiée par la loi du 23 juillet 1911 (vol. 70).

1° En vertu du paragraphe 3 de l'article 84 du Code de justice militaire, les *chefs des postes* de sécurité ;

2° En vertu de l'article 85 du même code, les chefs de corps ou de détachement de troupes exécutant les tirs, les chefs de corps pouvant déléguer leurs pouvoirs à l'un des officiers sous leurs ordres, par exemple à l'officier de tir ou au directeur du parc.

Si le contrevenant n'appartient pas à l'armée, le procès-verbal devra être transmis, conformément à l'article 98 du Code de justice militaire, par le commandant du corps d'armée au procureur de la République, les tribunaux de police ordinaire étant seuls compétents pour les juger ; mais, jusqu'à nouvel ordre, il ne sera engagé aucune poursuite de ce genre sans qu'il en ait été préalablement référé au Ministre de la guerre (Direction du Contentieux et de la Justice militaire; 1ᵉʳ Bureau.)

Le paragraphe 3 du nouvel article 55 de la loi du 3 juillet 1877 (1) et le paragraphe 2 du nouvel article 28 de la loi du 27 juillet 1873 donnent, d'ailleurs, à l'autorité militaire, le droit d'employer la force pour empêcher la pénétration ou le séjour dans les terrains interdits; on ne devra, bien entendu, user de violence dans ces cas que s'il y a réellement danger pour les contrevenants; mais il devra toujours être dressé un procès-verbal de contravention pour servir, au besoin, de base au refus d'indemnité en cas d'accident.

Services publics intéressés.

Dans tous les cas, qu'il s'agisse de l'organisation ou de la revision du régime d'un champ de tir permanent, temporaire ou de la création de champs de tir de circonstance, il appartient au préfet de désigner les services publics intéressés dont les représentants, en raison de leurs attributions, doivent être appelés à prendre part aux conférences prévues dans la présente instruction (2).

---

(1) Codifiée par la loi du 23 juillet 1911.
(2) Addition du 15 novembre 1904 (*B. O.*, p. 1617).

II. — PRIVATION DE JOUISSANCE ET DÉGATS (1).

§ 1er. — *Règlement des indemnités pour dommages causés aux propriétés privées à l'occasion des exercices de tir.*

Fonctionnement des commissions d'évaluation.

. . . . (2)

Le paiement des indemnités aux habitants et des allocations des membres des commissions sera effectué conformément aux prescriptions de l'article 10 de l'instruction sur le mode de règlement des dégâts des manœuvres, le libellé des états joints à cette instruction étant modifié en conséquence.

En cas d'appel à la juridiction civile, il sera procédé conformément aux dispositions des articles 12 et 13 de la même instruction, le sous-intendant, président de la commission en cause, représentant l'administration militaire à l'instance.

Les archives des commissions permanentes des champs de tir permanents et temporaires et les dossiers des commissions éventuelles constituées pour les champs de tir de circonstance seront conservés par la direction du service de l'Intendance de la région, à qui les sous-intendants militaires, présidents des commissions, demanderont, le cas échéant, les documents qui leur seraient utiles et renverront, au fur et à mesure, les dossiers relatifs à leurs opérations.

Les mêmes fonctionnaires, officiers ou officiers d'administration, pourront faire partie de plusieurs commissions permanentes ou éventuelles.

On ne devra pas perdre de vue que la procédure indiquée ci-dessus est tout à fait distincte de celle qui est relative aux indemnités pour dommages causés *aux chemins vicinaux*, et incombera, d'ailleurs, désormais à un service différent.

On se conformera, pour cette dernière, exclusivement aux prescriptions du paragraphe suivant.

§ 2. — *Dégradations aux chemins entretenus par les communes.*

Rappel de la législation.

Le deuxième paragraphe de l'article 55 de la loi du 3 juillet 1877 (3), relatif aux dégradations des chemins entretenus par les

---

(1) Nouveau texte (modifications du 9 avril 1902, *B O.*, p. 438).
(2) Trois paragraphes abrogés par la circulaire du 12 janvier 1912. Voir page 169.
(3) Codifiée par la loi du 23 juillet 1911.

communes étant immédiatement exécutoire, il y aura lieu de
régler, dès cette année, les dégâts causés à ces chemins, soit
par les tirs, soit par les charrois qu'ils occasionnent; mais les
chemins avoisinant ou traversant le champ de tir ne pouvant
subir de dégradations que du fait des projectiles ou des charrois
d'artillerie, il n'y aura pas à s'occuper de l'application de cette
partie de la loi dans les champs de tir exclusivement réservés
à l'infanterie, mais seulement dans les champs de tir pour toutes
armes et les champs de tir d'artillerie.

D'après la loi, le règlement doit avoir lieu conformément
aux dispositions combinées de la loi du 21 mai 1836 (article
14) et de la loi du 22 juillet 1889 (articles 13 et suivants), qui
s'expriment ainsi au sujet des subventions à accorder pour
des dégradations extraordinaires aux chemins vicinaux :

Loi du 21 mai 1836. — « *Art. 14.* Les subventions pourront, au
choix des subventionnaires, être acquittées en argent ou en
prestations en nature, et seront exclusivement affectées à ceux
des chemins qui y auront donné lieu.

« Elles seront réglées annuellement, sur la demande des communes, par les conseils de préfecture, après des expertises con-
tradictoires.....

« ..... Ces subventions pourront aussi être déterminées par
abonnement. »

Loi du 22 juillet 1889. — « *Art. 13.* En matière de subventions spéciales pour dégradations extraordinaires pour chemins vicinaux, l'expertise doit être ordonnée si elle est demandée par les parties ou par l'une d'elles pour faire vérifier
les faits qui servent de base à la réclamation.

« *Art. 14.* L'expertise sera faite par trois experts, à moins
que les parties ne consentent qu'il y soit procédé par un seul.

« Dans ce dernier cas, l'expert est nommé par le conseil, à
moins que les parties ne s'accordent pour le désigner.

« Si l'expertise est confiée à trois experts, l'un d'eux est
nommé par le conseil de préfecture et chacune des parties est
appelée à nommer son expert. »

Quant à l'article 11 de la loi du 20 août 1881, il se borne
à appliquer aux chemins ruraux reconnus, entretenus à l'état
de viabilité, les mêmes règles qu'aux chemins vicinaux.

Système de règlement des dégâts.

Ces lois laissent donc à l'administration militaire la faculté d'opter entre des prestations en nature et des allocations en argent, et entre une indemnité réglée chaque année après constatation des dégâts et un abonnement à forfait.

Malgré l'économie qui pourrait résulter de l'emploi de la main-d'œuvre militaire, il est préférable d'acquitter les subventions en deniers, afin d'éviter de distraire des hommes du service et de ne pas s'exposer à des contestations avec les communes.

D'un autre côté, l'abonnement annuel, praticable pour les champs de tir permanents de l'artillerie, qui reçoivent tous les ans à peu près le même effectif de troupes, ne saurait évidemment être adopté avant qu'une expérience d'au moins une année complète ait permis de se rendre compte de l'importance des dégâts causés aux chemins à l'occasion des écoles à feu ; ce mode de subvention ne pourrait pas, en tout cas, s'appliquer aux champs de tir temporaires ou de circonstance.

Par suite, jusqu'à nouvel ordre, les subventions à allouer, pour dégâts causés aux chemins vicinaux et ruraux, devront être réglées, chaque année, après constatation des dégâts, et en deniers, les communes étant chargées de faire procéder à la réparation de toutes les dégradations.

On suivra, pour la procédure, les règles suivantes, conformes à celles qui sont prévues dans l'instruction générale sur le service des chemins vicinaux, émanée du ministère de l'intérieur, pour le règlement des dégradations visées par l'article 14 de la loi du 21 mai 1836, lorsque, les dégradations n'étant que temporaires, la constatation de l'état de viabilité des chemins peut précéder le commencement de l'exploitation et la demande de subvention peut suivre immédiatement l'achèvement des transports.

Le chef local du service ayant le champ de tir dans ses attributions représentera l'administration militaire dans cette procédure, vis-à-vis des maires, des préfets et devant le conseil de préfecture, et sera chargé de désigner les officiers appelés à participer aux constatations d'état des lieux, ainsi que, le cas échéant, les experts pour l'autorité militaire.

Dégradations dues aux champs de tir permanents ou temporaires.

Chaque année, au moins vingt jours avant l'ouverture de la période des tirs, le chef du service militaire demandera aux maires pour les chemins vicinaux ordinaires et ruraux, ou au préfet pour les chemins vicinaux de grande communication et d'intérêt commun, de faire procéder à la constatation contradictoire de l'état des chemins susceptibles d'être dégradés.

A cette constatation, qui doit être faite par l'agent voyer cantonal, en présence du maire, pour les chemins vicinaux ordinaires et ruraux, ou par l'agent voyer de l'arrondissement ou son délégué pour les chemins vicinaux de grande communication et d'intérêt commun, l'administration militaire sera représentée par un officier ou un officier d'administration du génie ou d'artillerie, selon le service dont relève le champ de tir (1)

De plus, si, au cours des exercices de tir, il se produit une dégradation nécessitant une remise en état immédiate (telle que, par exemple, la rupture d'un pont), le fait fera aussitôt l'objet d'une demande de constatation contradictoire.

Si les parties ne peuvent se mettre d'accord sur les causes et l'étendue du dommage, la désignation d'un expert sera demandée au président du conseil de préfecture pour l'établissement d'un procès-verbal de constat, par application de l'article 24 de la loi du 22 juillet 1889 (2).

Il sera procédé de même si, au cours des exercices, les gardiens des champs de tir constatent, sur les chemins environnant les polygones, des dégâts résultant de charrois non militaires, ou toute autre dégradation accidentelle non imputable à l'administration.

Aussitôt après la clôture des écoles à feu, le chef du service militaire invitera les maires ou le préfet, selon les chemins intéressés, à lui adresser leurs demandes de subventions.

Ces demandes, préparées par les agents voyers dans le mois suivant la fin de l'exécution des tirs et remises par eux aux maires ou au préfet, doivent être notifiées par ceux-ci, par voie administrative, à l'autorité militaire, avec invitation de faire connaître, dans le délai de dix jours, s'il y a adhésion à la demande de la commune.

Si, après examen des demandes de subventions, le chef du service militaire juge que certaines d'entre elles sont exagérées ou sans fondement, il adressera ses observations au maire, ou au préfet, en offrant de faire expertiser amiablement le dommage par un représentant de l'autorité militaire et un représentant de la commune ou du département.

---

(1) En cas d'insuffisance du personnel du service dont relève le champ de tir, le commandant du corps d'armée peut mettre temporairement à la disposition du chef de ce service, pour procéder aux constatations, un officier des corps de troupe de la région utilisant le champ de tir ou un officier d'administration d'un des services de l'intendance.

(2) « Art. 24. En cas d'urgence, le président du conseil de préfecture peut, sur la demande des parties, désigner un expert pour constater des faits qui seraient de nature à motiver une réclamation devant ce conseil.

« Avis en est immédiatement donné au défendeur éventuel. »

Si cette proposition n'est pas acceptée ou si les experts amiables ne se sont pas mis d'acord, le chef du service militaire demandera l'expertise légale au conseil de préfecture, en s'efforçant de s'entendre avec le maire ou le préfet pour la désignation d'un expert unique.

L'expert à déléguer par l'autorité militaire, soit pour l'expertise amiable, soit en cas de désignation de trois experts, sera, autant que possible, le même officier ou officier d'administration qui a procédé à la reconnaissance du terrain avant l'ouverture des tirs ; l'état des lieux établi à ce moment devra, en tout cas, être produit à l'expertise amiable ou légale, ainsi que, s'il y a lieu, les procès-verbaux de constat dressés comme il a été dit ci-dessus.

Après détermination du chiffre de la subvention, le chef du service ayant le champ de tir dans ses attributions avisera le directeur du service de l'intendance de la région qui, sur les crédits de la justice militaire, ordonnancera, au profit de la commune, le montant des subventions qui lui sont dues.

Dégradations dues aux champs de tir de circonstance.

Les mêmes règles devront être suivies pour les champs de tir de circonstance organisés pour l'artillerie ou pour les troupes de toutes armes; cependant, ces champs de tir ne pouvant donner lieu à des dégradations importantes du fait des charrois militaires et les dommages aux chemins devant se borner aux dégâts accidentels causés par les projectiles d'artillerie, on pourra se dispenser de demander la constatation préalable de l'état des chemins, à moins que ceux-ci ne soient manifestement dans de mauvaises conditions d'entretien, et il suffira de provoquer le règlement des subventions aussitôt après la fin des tirs.

Le commandant de la troupe ayant exécuté les tirs devra, dès que les exercices seront terminés, aviser le chef du service local ayant le champ de tir dans ses attributions (1) pour que celui-ci fasse le nécessaire.

Dispositions transitoires.

. . . .

---

(1) Le chef de service est, pour les champs de tir de l'infanterie et ceux pour toutes armes, le chef du génie ; pour les champs de tir de l'artillerie, le directeur de l'école d'artillerie.

Un officier de la troupe ayant exécuté les tirs peut, sur l'ordre du commandant du corps d'armée, être mis à la disposition du chef de service intéressé pour procéder, quand il y a lieu, aux constatations.

IV. — DISPOSITIONS DE LA LOI DE 1901 INTÉRESSANT LES GRANDES MANŒUVRES.

Il convient de remarquer que la loi du 17 avril 1901 a, en outre de ses dispositions nouvelles relatives aux exercices de tir, modifié les prescriptions antérieures concernant les grandes manœuvres, sur le point suivant :

Le nouvel article 54 de la loi du 3 juillet 1877 spécifie que les indemnités ne sont dues, en cas de grandes manœuvres, que pour les *dégâts matériels* causés aux propriétés, et il ajoute les propriétés *des communes* aux propriétés privées pouvant de ce chef bénéficier d'indemnités.

Cette modification ne fait que consacrer, sur la question des dommages aux propriétés, les errements antérieurs.

Elle permettra, toutefois, d'écarter désormais sans discussion, toute demande d'indemnité fondée uniquement sur une privation de jouissance dans les manœuvres d'ensemble.

De plus, si elle reconnaît aux communes le droit à indemnité en cas de dégâts matériels causés à « leurs propriétés », c'est-à-dire leur *domaine privé* (bois, par exemple), la loi nouvelle ne saurait être considérée comme étendant ce droit aux dommages causés au *domaine public communal*, et rien n'est à modifier dans les prescriptions de la circulaire du 13 août 1897, qui autorise d'ailleurs, dans certains cas, à accorder des indemnités à titre gracieux pour dégradations à ce domaine. Ce n'est qu'à l'occasion des exercices de tir que des indemnités pourront être dues pour dégradations aux chemins vicinaux et ruraux reconnus, et exclusivement pour cette partie du domaine public communal.

Circulaire destinée à rappeler les prescriptions de la lettre collective n° 8790 du 27 avril 1894, concernant l'étude des régimes des champs de tir pour armes portatives.

(Direction du Génie.)

Paris, le 17 février 1906.

Aux termes de la lettre collective n° 8790 (4ᵉ Direction; 2ᵉ Bureau) du 27 avril 1894, les propositions concernant l'établissement ou la revision des régimes de tous les champs de tir pour armes portatives sont formulées dans une conférence militaire dont le procès-verbal, soumis à l'approbation ministérielle, doit indiquer notamment le nombre et l'époque des séances de tir à attribuer à chaque corps de troupe, pour les effectifs normaux et éventuels.

Or, certaines autorités militaires locales, se basant sur la mise en vigueur du règlement du 31 août 1905 sur l'instruction du tir de l'infanterie, ont fait remarquer que ce règlement ne permettait plus de fournir à l'avance de semblables indications.

A ce sujet, il convient d'observer que l'initiative, laissée aux commandants d'unités par le nouveau règlement sur le tir, doit rester obligatoirement subordonnée, dans chaque cas particulier, au régime du champ de tir. Il est évident, d'ailleurs, que, lors de l'établissement (ou de la revision) de ce régime, l'autorité militaire, tout en s'efforçant d'obtenir les conditions les plus favorables pour l'exécution des tirs, doit tenir compte également des intérêts civils en cause, et ne formuler que des propositions susceptibles d'être acceptées.

On est ainsi conduit à étudier à l'avance la répartition la plus convenable des séances de tir, et il y a lieu, par suite, de continuer à établir les projets de régime dans l'esprit de la lettre collective précitée du 27 avril 1894.

Circulaire relative à la représentation du Département de la marine dans les conférences concernant les régimes des champs de tir au canon ou pour armes portatives comportant une zone dangereuse s'étendant soit en mer, soit sur des terrains dépendant du domaine public maritime.

(Directions du Génie et de l'Artillerie.)

Paris, le 12 novembre 1909.

A la date du 25 août 1909, M. le Ministre de la marine a décidé qu'à l'avenir la représentation du Département de la marine dans les conférences relatives aux régimes des champs de tir au canon ou pour armes portatives, comportant une zone dangereuse soit en mer, soit sur les terrains dépendant du domaine public maritime, sera organisée d'après les règles suivantes :

Le Département de la marine sera représenté dans les conférences en question :

1° *Lorsque la zone dangereuse s'étendra exclusivement sur la mer :*

Au premier degré de l'instruction, par un officier de marine;
Au second degré, par le chef d'état-major de l'arrondissement.

2° *Lorsque la zone dangereuse s'étendra exclusivement sur la terre ferme :*

Au premier degré de l'instruction, par un ingénieur des travaux hydrauliques;
Au second degré, par le directeur des travaux hydrauliques.

3° *Lorsque la zone dangereuse s'étendra à la fois sur terre et sur mer :*

Au premier degré de l'instruction, par un officier de marine et par un ingénieur des travaux hydrauliques;
Au second degré, par le chef d'état-major et par le directeur des travaux hydrauliques.

Les représentants des services locaux de l'artillerie et du génie auront, par suite, à tenir compte de ces dispositions pour les convocations qu'ils auront à adresser en vue de l'ouverture des conférences concernant les régimes des champs de tir de l'espèce dont il s'agit.

Circulaire relative à l'organisation des champs de tir touchant à des forêts domaniales ou à des bois soumis au régime forestier.

(Direction du Contentieux et de la Justice militaire.)

Paris, le 1ᵉʳ septembre 1911.

Dans l'organisation de champs de tir touchant à des forêts domaniales ou à des bois soumis au régime forestier, ainsi que dans les litiges qui s'élèveraient au sujet de l'estimation des dommages causés par des projectiles à ces forêts et bois, il est fait application des principes suivants :

I. — CHAMPS DE TIR PERMANENTS OU TEMPORAIRES.

§ 1ᵉʳ. — *Conventions relatives à l'occupation du sol du champ de tir proprement dit.*

Préalablement à la réunion des conférences prévues par les arrêtés ministériels des 8 avril 1895 et 20 mai 1900, ainsi que par l'instruction du 3 août 1901, l'occupation de l'emplacement du champ de tir proprement dit, c'est-à-dire de la zone de déplacement des tireurs et des objectifs, est réglée par des conventions passées, s'il s'agit de forêts domaniales, avec les représentants de l'administration des forêts, et, s'il s'agit de bois appartenant à des communes ou à des établissements publics, avec les représentants de l'administration des forêts et les maires ou les représentants de ces établissements.

Ces conventions sont soumises au Ministre pour approbation, sous le timbre de la Direction de l'Artillerie ou du Génie, selon le cas.

Celles qui sont passées avec l'administration des forêts peuvent prévoir que les dommages causés aux arbres par les projectiles, de même que la perte sur la location du droit de chasse, seront à la fin de chaque année l'objet d'une évaluation contradictoire pratiquée par un représentant de l'administration des forêts et par un officier du génie ou de l'artillerie, selon le cas, afin que le montant des dépréciations diverses soit porté sur un état spécial annexé au compte du produit des forêts domaniales, conformément à un accord intervenu, le 29 décembre 1902, entre les Ministres de la guerre, de l'agriculture et des finances.

Elles pourront également prévoir le payement des dégâts aux clôtures, barrières, poteaux, haies, murs, chemins forestiers, c'est-à-dire le remboursement de toutes les dépenses qui seront effectivement supportées par l'administration des forêts, dans l'année, pour l'exécution des réparations.

Ces dépenses, étant arrêtées conformément aux règles en usage dans une administration de l'Etat, échappent à l'appréciation de la commission d'évaluation attachée au champ de tir. Les conventions préciseront qu'elles seront remboursées par voie d'ordonnance de virement de compte, sur la demande de l'administration des forêts, appuyée des pièces justificatives d'usage ; enfin, elles pourront stipuler que l'administration de la guerre prendra fait et cause pour celle des forêts dans le cas où celle-ci serait recherchée par des tiers à l'occasion des tirs.

Dans les conventions passées avec les communes ou les établissements publics, avec la participation des représentants du service des forêts, on devra s'efforcer d'obtenir l'abandon gratuit de la jouissance du sol boisé, moyennant le payement annuel de la valeur des dégâts causés aux arbres, de la dépréciation du produit de la location de la chasse, s'il y a lieu, et de tous autres dégâts énumérés ci-dessus.

Les dégâts aux arbres devraient, comme tous les autres dégâts, être évalués par la commission d'évaluation attachée au champ de tir. Mais vu la difficulté toute particulière que présentent les évaluations forestières et les garanties toutes spéciales qu'offrent les représentants du service des forêts, l'administration de la guerre devra toujours proposer que les dégâts aux arbres seront évalués par une commission composée d'un représentant de l'administration des forêts, du maire et d'un représentant de l'administration de la guerre, sous la réserve, en ce qui concerne celle-ci, d'approbation du procès-verbal d'évaluation par le Ministre.

Si, par suite de circonstances impossibles à prévoir, le Ministre refusait d'accepter les fixations du procès-verbal, ou si le maire refusait le payement, une commission réglementaire serait réunie et, après avoir pris connaissance des bases de l'estimation faite par le représentant des forêts et des motifs du refus, fixerait de nouveau le montant de l'indemnité, afin qu'il puisse être fait application de la procédure instituée par l'article 26 de la loi du 3 juillet 1877 et le décret du 2 août 1877.

Les conventions prévoiront d'ailleurs que tous les autres dommages dont la commune ou l'établissement public entendrait être indemnisé seront l'objet de demandes régulières formées en temps voulu et examinées par la commission d'évaluation constituée en vertu du décret du 2 août 1877 ; elles pourront également stipuler que l'administration de la guerre prendra fait et cause pour la commune ou l'établissement public, en cas de procès engagé par des tiers à l'occasion des tirs.

§ 2. — *Indemnités pour dommages divers causés dans la zone dangereuse.*

Il n'y a pas lieu, préalablement à l'ouverture des conférences d'organisation du champ de tir, de passer des conventions au sujet des terrains exposés aux chutes de projectiles et situés hors du champ de tir proprement dit.

Les représentants du service des forêts, et le cas échéant les maires ou chefs d'établissements publics intéressés, seront appelés à la conférence d'élaboration des régimes.

S'il s'agit de forêts domaniales, les régimes devront seulement préciser, en ce qui concerne les dégâts aux arbres et la dépréciation de l'affermage du droit de chasse, ainsi que pour les autres dommages ayant occasionné des dépenses à l'administration des forêts, des conditions identiques à celles indiquées aux alinéas 3, 4 et 5 du paragraphe premier.

S'il s'agit de bois soumis au régime forestier, les conditions à insérer sont celles figurant aux alinéas 6 et 7.

§ 3. — *Réserves formulées par les représentants du service des forêts.*

Si les représentants du service des forêts croient devoir subordonner leur adhésion à l'approbation du Ministre de l'agri-

culture, le fait sera mentionné au procès-verbal qui sera transmis au Ministre de la guerre (sous le timbre de la Direction de
l'Artillerie ou du Génie) qui se réserve de faire toutes démar-
ches utiles auprès du Ministre de l'agriculture.

§ 4. — *Non-application de la déchéance.*

En raison de la grande difficulté que présentent la constatation et l'évaluation des dégâts forestiers, la déchéance n'est jamais opposée aux communes ou aux établissements publics.

§ 5. — *Revision des régimes.*

En cas de révision du régime intérieur ou extérieur des champs
de tir comprenant, soit dans l'emplacement du champ de tir proprement dit, soit dans la zone dangereuse, des forêts communales ou des bois soumis au régime forestier, il y aura lieu
d'appliquer les dispositions générales du paragraphe 1er de la 1re
partie de l'instruction du 3 août 1901 inscrites sous la rubrique
« Revision des régimes ». Les représentants de l'administration
des forêts seront appelés aux conférences, comme ceux des
autres services publics intéressés et auront le même droit d'initiative pour demander la revision des régimes. Mais toute demande de ce genre devra être transmise au Ministre de la guerre
avant qu'il y soit donné aucune suite.

II. — CHAMPS DE TIR DE CIRCONSTANCE.

§ 1er. — *Préparation des régimes.*

Les représentants locaux de l'administration des forêts sont,
comme ceux des autres services publics intéressés, appelés à la
conférence d'organisation des tirs réunie à la diligence du général commandant de corps d'armée (Cf. Instruction du 3 août
1901, Ire partie, § 2, rubrique : *Conférences d'organisation*),
quand la zone dangereuse englobe des forêts domaniales ou des
bois soumis au régime forestier.

Les représentants de l'armée devront apporter, dans la discussion des observations des représentants de l'administration
des eaux et forêts, le plus large esprit de conciliation pour arriver autant que possible à une entente complète.

Si, par exemple, le représentant de l'administration des forêts
élève des objections contre le choix des terrains désignés par
l'autorité militaire, en alléguant qu'il sera porté aux bois domaniaux ou soumis au régime forestier des préjudices risquant de
compromettre gravement dans l'avenir leur rendement, il est
évident que l'on devra s'efforcer de modifier la direction de
l'axe du champ de tir ou de trouver un autre emplacement, afin

de diminuer l'importance des charges que les besoins de l'instruction des troupes peuvent entraîner pour le Trésor, soit que le Trésor subisse une perte de rendement, comme dans le cas d'une forêt domaniale, soit qu'il supporte une dépense, comme dans le cas d'une forêt communale.

Toutes les dispositions des paragraphes 1 et 2 (Ire partie) relatives aux clauses des conventions sont applicables aux conditions à insérer dans les régimes de champs de tir de circonstance.

Une copie du procès-verbal de la conférence d'organisation pourra être délivrée aux représentants de l'administration des forêts, sur leur demande adressée à l'officier d'artillerie ou du génie qui a tenu la conférence.

§ 2. — *Approbation des régimes.*

Lorsque le procès-verbal de la conférence lui sera remis, le général commandant le corps d'armée l'approuvera si tous les conférents sont d'accord et ont donné leur adhésion, sans la subordonner à l'approbation du Ministre dont ils dépendent.

Lorsque le représentant de l'administration des forêts a donné son adhésion, sans la subordonner à l'approbation du Ministre de l'agriculture, mais sous la réserve de l'introduction de certaines modifications dans le régime, le général commandant de corps d'armée devra examiner impartialement, avec un égal souci des intérêts des deux Départements ministériels, si elles lui paraissent admissibles. Il pourra approuver le procès-verbal, à la condition d'admettre toutes les modifications demandées ; dans le cas contraire, il transmettra le procès-verbal au Ministre, sous le timbre de la direction dont relève le champ de tir, et y joindra son avis personnel sur les points en litige.

En prévision de cette éventualité, il conviendra que les conférences relatives à des champs de tir de circonstance comprenant des forêts domaniales ou des bois soumis au régime forestier soient tenues au moins un mois avant la date des premiers tirs projetés, afin que, si le dossier doit être transmis au Ministre, l'adhésion du Ministre de l'agriculture ait pu être obtenue.

*Circulaire contenant les solutions de diverses questions se rap-
portant à l'application de l'instruction du 3 avril 1901 sur
l'organisation des champs de tir.*

(Direction du Contentieux et de la Justice militaire.)

Paris, le 12 janvier 1912.

I. — INTERDICTION D'ACCÈS DE PORTIONS DE MER

La loi du 17 avril 1901 et le décret du 29 décembre 1901 (1)
ne sont pas applicables aux surfaces recouvertes par la mer.

Si, lors d'exercices à feux exécutés sur un champ de tir avoisinant le littoral, des inscrits maritimes ont été mis dans l'impossibilité de pratiquer la pêche dans la région habituellement
explorée par eux, la commission d'évaluation n'a pas à connaître de leurs réclamations d'indemnité et doit se déclarer incompétente. Le dommage est réglé, le cas échéant, par décision du
Ministre.

Il en est de même dans le cas de tir à la mer sur but fixe ou
mobile.

II. — LIMITES A L'APPLICATION DE LA LOI DU 17 AVRIL 1901.

La loi du 17 avril 1901 est applicable à tous les terrains occupés ou dont l'accès est interdit à l'occasion des tirs; elle est
d'ordre public, et, dès lors, il n'y peut être dérogé par des
conventions. Mais elle n'a aucunement retiré aux autorités militaires la faculté d'acheter ou de louer tout ou partie de ces
terrains.

En cas de location, la loi précitée ne peut évidemment être
invoquée par les propriétaires du sol, puisque la location leur
a fait perdre la jouissance du sol. Mais s'il s'agit de terrains
boisés, le bail devra stipuler que la location est consentie aux
risques et périls du propriétaire, c'est-à-dire à charge par lui
de supporter tous les dégâts aux arbres.

Si le propriétaire n'a pas consenti à l'insertion de cette clause,
la location ne porte que sur la jouissance du sol et les dégâts
ne peuvent être évalués et réglés que suivant le mode prévu pour
l'application de la loi du 17 avril 1901.

L'achat ou la location de tous les terrains parcourus par les

---

(1) Remplacé par le décret du 25 juillet 1912 (vol. 70).

troupes ou exposés aux chutes de projectiles et, par suite, interdits, n'est guère appelé à se réaliser, en raison de la superficie considérable qu'il faudrait acquérir ou prendre à bail. Dès lors on se bornera le plus souvent, dans la pratique, à acheter ou à louer les terrains sur lesquels la culture est impossible par suite du stationnement, du passage continuel des troupes ou de l'installation d'ouvrages. Ces terrains couvrent la zone de déplacement des tireurs et des objectifs : ce sont eux qui constituent le champ de tir proprement dit; le surplus des terrains dont l'accès est interdit constitue la zone dangereuse.

Il arrivera assez souvent que, moyennant l'engagement de payer la valeur de tous les dégâts causés par les projectiles, on obtiendra la libre jouissance des terrains boisés compris dans le champ de tir proprement dit ou dans la zone dangereuse; dans ce cas, le règlement des dégâts devra se faire selon la procédure instituée pour l'application de la loi de 1901.

Il n'est fait d'exception à cette règle que pour les bois domaniaux et autres bois soumis au régime forestier, au sujet desquels, en raison de cette situation légale et de l'importance des sommes en jeu, un règlement amiable peut être tenté dans les conditions indiquées par une circulaire spéciale.

III. — DÉLIMITATION DES ZONES DANGEREUSES DES CHAMPS DE TIR PERMANENTS OU TEMPORAIRES.

Il est évident qu'en principe il ne devrait pas y avoir de zone dangereuse autour d'un champ de tir. Les autorités militaires chargées d'organiser un champ de tir devraient obtenir, par des locations ou conventions, la libre jouissance de tous les terrains exposés aux atteintes des projectiles, avec obligation pour le propriétaire de supporter tous les dégâts, le plus souvent sans importance, qui pourraient être causés sur ces terrains.

Cet idéal ne pouvant être réalisé sans dépenses excessives, la loi du 17 avril 1901 a mis à la disposition des autorités militaires le droit d'interdire aux cultivateurs l'accès pendant les tirs de tous les terrains exposés aux chutes de projectiles sous la seule condition de payer aux intéressés des indemnités pour privation de jouissance et, au besoin, pour dégâts matériels.

Il convient donc que, dans l'organisation des nouveaux champs de tir à créer. la limite de la zone dangereuse soit fixée en tenant compte des résultats de l'expérience relativement aux écarts qui se produisent dans les tirs d'instruction en terrains variés.

IV. — Constructions comprises dans les zones dangereuses.

La disposition de la loi du 17 avril 1901 qui excepte du droit d'occupation ou d'interdiction « les habitations et bâtiments, cours et jardins y attenant » a soulevé deux questions :

1° Un propriétaire a-t-il le droit de construire dans la zone dangereuse d'un champ de tir existant ?

2° Que faut-il faire si, par suite de la modification des armes, des habitations voisines d'un champ de tir ancien sont maintenant exposées à recevoir des atteintes ?

Première question. — La loi du 17 avril 1901 n'a pas spécifié que la servitude imposée aux riverains des champs de tir compris dans la zone dangereuse comporterait l'interdiction de construire dans cette zone. On ne saurait donc, en l'état actuel, s'opposer à une construction de ce genre. Mais, si un propriétaire se mettait à construire ou en manifestait l'intention, l'autorité territoriale dont relève le champ de tir devrait lui signifier immédiatement qu'il se trouve dans la zone dangereuse telle qu'elle a été déterminée par le régime, dont une copie lui serait adressée, et l'avertir que l'administration militaire décline toute responsabilité dans la situation que ce fait pourra lui créer, s'il persiste dans ses projets. On devra d'ailleurs, au cours de la construction, faire observer les consignes qui interdisent le stationnement dans la zone dangereuse pendant les tirs.

Si, néanmoins, le propriétaire achève sa construction et vient l'habiter ou la fait habiter, on le préviendra de nouveau que l'autorité militaire se verra obligée de la faire évacuer pendant les tirs. Les travaux faits sur un terrain postérieurement à l'établissement d'une servitude légale ne peuvent pas faire cesser les effets de cette servitude (arrêt du Conseil d'Etat du 18 mars 1869, affaire Delom).

Deuxième question. — Dans le second cas, le fait que l'habitation se trouve dans la zone dangereuse étant imputable non au propriétaire, mais à l'administration militaire, il faudrait que celle-ci modifiât, si c'était possible, la direction des lignes de tir de façon que l'habitation fût à l'abri de toute atteinte.

A défaut, il n'y aurait pas d'autre solution qu'une convention écrite par laquelle le propriétaire renoncerait à se prévaloir de la loi du 1er avril 1901 et s'engagerait à évacuer sa maison pendant les tirs pouvant la menacer, soit moyennant l'allocation d'une indemnité spéciale soit à la condition que la commission d'évaluation lui tiendra compte, en outre des dégâts matériels, de la servitude spéciale qui lui sera imposée.

On pourrait, à la rigueur, procéder de même si, dans l'organisation d'un champ de tir temporaire ou de circonstance, il n'y avait, englobées dans le champ de tir projeté ou sa zone dangereuse, qu'une ou deux maisons d'habitation, que leurs propriétaires consentiraient, par une convention écrite, à évacuer pendant les tirs, gratuitement ou moyennant indemnité.

Il n'est pas besoin d'ajouter qu'en cas de conventions de ce genre, qui ne sauraient être que tout à fait exceptionnelles et qui devraient toujours être soumises à mon approbation, les autorités militaires devraient agir avec la plus grande prudence, c'est-à-dire veiller à ce qu'avant chaque tir dangereux pour eux, les habitants fussent dûment prévenus, faire vérifier, au moment de commencer le feu, que la maison est bien évacuée, et si, pour une cause quelconque, un habitant y est demeuré et ne peut ou ne veut en sortir, faire ajourner le tir.

V. — DISTINCTION ENTRE LES CHAMPS DE TIR TEMPORAIRES ET LES CHAMPS DE TIR DE CIRCONSTANCE.

Afin d'éviter certaines confusions qui se sont produites, il convient de préciser la distinction à établir entre les champs de tir temporaires et les champs de tir de circonstance, d'après l'instruction du 3 août 1901.

a) On doit entendre, par champs de tir temporaires, les terrains mis par des communes ou par des particuliers à la disposition de l'autorité militaire dans les conditions indiquées à la solution II, pour l'exécution, à certaines époques de l'année et suivant un régime établi pour une ou plusieurs années ou valable jusqu'à revision, de séries de tir dont les dates seront rigoureusement notifiées aux maires huit jours au moins avant le commencement des tirs (1). Ces terrains servent à constituer le champ de tir proprement dit.

Pour ces sortes de champs de tir, la procédure d'établissement à suivre doit être celle prévue par le paragraphe 1er de la partie I de l'instruction du 3 août 1901 et par le décret du 16 août 1853 ou l'arrêté du 8 avril 1895 (2), selon qu'on se trouve ou non dans la zone frontière.

---

(1) Ce chiffre, indiqué au § 1er de la partie Ire de l'instruction du 3 août 1901, n'est pas absolu, et on peut, dans le régime, si les contractants l'acceptent, spécifier que les dates des tirs seront notifiées seulement quatre jours, deux jours ou même un jour à l'avance.

(2) Arrêté du 20 mai 1900 pour l'Algérie (voir page 146).

La détermination du régime, tel qu'il est défini dans l'instruc
tion, doit être précédée d'une convention tout à fait distincte du
régime et stipulant, comme il a été dit à la solution II, à quelles
conditions les terrains constituant le champ de tir proprement
dit sont mis à la disposition de l'autorité militaire.

Cette convention doit d'ailleurs, préalablement à l'ouverture
des conférences, être soumise à l'approbation du Ministre (direction du service dont relève le champ de tir), comme il était indiqué
dans la circulaire du 21 mai 1895 notifiant l'arrêté du 8 avril de
la même année.

b) On doit entendre, par champs de tir de circonstance, les terrains occupés d'office par l'autorité militaire pour l'exécution,
dans la même année et à des dates fixées à l'avance, de certains
exercices de tir de peu de durée dont le nombre ne doit pas, à
moins de l'assentiment des services publics et des maires intéressés, excéder deux séances de deux jours.

Ces champs de tir sont établis, que l'on se trouve ou non dans
la zone frontière, conformément à la procédure fixée par le paragraphe 2 de la partie I de l'instruction. Les éléments mentionnés
au 5ᵉ alinéa (nᵒˢ 1°, 2°, 3° et 4°) dudit paragraphe, et auxquels
on peut maintenir le nom de « régime » consacré par l'usage,
sont les seuls qu'il y ait à déterminer.

On pourra, si l'autorité militaire le juge préférable et si les
services publics et les maires intéressés l'acceptent, au lieu de
spécifier, au n° 4, les dates exactes des tirs, se borner à indiquer
une période (par exemple du... au .. ou pendant le mois de...)
dans laquelle les tirs seront exécutés à des heures fixées, en
prévenant, un nombre déterminé de jours à l'avance, les services
publics et les municipalités, sous réserve que le nombre des
séances de tir à exécuter dans cette période ne dépassera pas le
maximum rappelé ci-dessus ou le nombre des séances accepté
par lesdits services et municipalités, lorsque ceux-ci ont consenti
à ce que ce maximum soit dépassé. Dans ce dernier cas, le procès-verbal devra mentionner expressément le consentement de
tous les représentants des services publics et des maires intéressés, y compris ceux qui n'auraient pas assisté à la conférence.

VI. — CHAMPS DE TIR DE CIRCONSTANCE.

Première question. — L'expression de « tirs de circonstance »
ne figurant pas dans le règlement provisoire du 31 août 1905
sur l'instruction du tir de l'infanterie, il a été demandé quels sont

les tirs de cette arme qui peuvent être exécutés sur des champs de tir de circonstance.

Réponse. — Tous les tirs collectifs visés par ce règlement peuvent être exécutés sur des champs de tir de circonstance organisés dans les conditions prévues au paragraphe 2 de la partie I de l'instruction du 3 août 1901, sous la réserve spécifiée au 4° alinéa de cet article.

Deuxième question. — Il a été également demandé si la procédure indiquée au paragraphe 2 de la partie I de l'instruction du 3 août 1901 pourrait être appliquée pour l'établissement de régimes de champs de tir de circonstance valables pour trois, six ou neuf années ou jusqu'à revision.

Cette question doit être résolue par la négative.

La nouvelle procédure prescrite pour l'organisation des tirs de circonstance, où l'on doit spécifier dans le régime les dates ou périodes fixées pour l'exécution des tirs, a été établie dans la pensée que si l'on voulait, plusieurs années de suite, utiliser le même terrain, l'instruction, qui est très simple, devrait être renouvelée chaque année, afin de mettre les populations à même de faire présenter par les maires leurs observations au sujet de la servitude et des dangers particuliers résultant de l'organisation des tirs de circonstance, qui nécessite l'évacuation, à des jours donnés, de toutes les propriétés comprises dans la portée normale des armes ou susceptibles de recevoir des éclats ou des ricochets.

Il convient, d'ailleurs, de remarquer que la loi du 17 avril 1901 n'a permis l'occupation des propriétés privées en vue des tirs de circonstance que dans le but « de faciliter l'instruction des tirs en terrains variés », et son esprit serait faussé si, avec le seul assentiment des services publics et des maires, l'on profitait de cette faculté pour tirer tous les ans sur les mêmes terrains, transformés ainsi en de véritables champs de tir temporaires.

Par suite, si l'on voulait s'assurer pour plusieurs années consécutives l'usage des mêmes terrains pour des tirs de circonstance, même réduits à deux séances de deux jours chaque année, il serait nécessaire d'appliquer la procédure prescrite au paragraphe 1° de la partie I de l'instruction du 3 août 1901.

Il appartiendra, dans ce cas, au général commandant le corps d'armée de faire ouvrir l'instruction en temps utile pour que la procédure soit entièrement terminée avant le commencement des tirs.

VII. — REVISION DU RÉGIME EXTÉRIEUR DES CHAMPS DE TIR EXISTANTS.

1º Il a été demandé si, lors de la revision des régimes extérieurs des champs de tir permanents et temporaires, il y a lieu de communiquer aux maires, quinze jours au moins à l'avance, les projets de l'autorité militaire, comme cela doit se faire lors du premier établissement.

Cette question doit être résolue par l'affirmative.

Bien que la loi du 17 avril 1901 donne à l'autorité militaire le droit d'arrêter, en dernier ressort, sous sa responsabilité, les mesures de sécurité faisant l'objet du régime extérieur, il importe que ces mesures, qui intéressent au plus haut degré les populations, soient, chaque fois qu'on les remet en question, communiquées préalablement aux municipalités, afin que celles-ci puissent formuler, en connaissance de cause, leurs observations aux conférences et que le Ministre de la guerre soit à même de connaître leur avis, ainsi que celui des services publics, avant de prendre sa décison.

2º La revision sus-visée ne doit porter que sur le régime extérieur. Si, dans les conférences, tenues à ce sujet, les services civils ou les maires formulent des observations touchant le régime intérieur, on peut les laisser se produire; mais le chef du service militaire doit déclarer qu'il ne peut entrer en conférence à ce sujet, tant qu'il n'y aura pas été spécialement autorisé par le Ministre (Direction du service dont relève le champ de tir).

VIII. — OPÉRATIONS DES COMMISSIONS D'ÉVALUATION.

Il paraît utile d'appeler l'attention des commissions d'évaluation prévues par le décret du 25 juillet 1912 sur les quelques points suivants :

1º D'après le décret précité, la reconnaissance préalable par les commissions permanentes des terrains compris dans les zones dangereuses des champs de tir permanents et temporaires ne doit pas obligatoirement être renouvelée chaque année. Il appartient au président de la commission de faire des propositions à cet égard au général commandant le corps d'armée, qui statue.

La reconnaissance préalable n'est pas prescrite pour les commissions éventuelles des champs de tir de circonstance;

2º Le seul fait qu'un projectile est tombé dans un champ ne

suffit pas pour créer un droit à indemnité, s'il s'agit d'une chute échappant à toutes les prévisions, dont il n'est pas d'exemple dans le passé, et si, en conséquence, l'accès du terrain n'était pas interdit. Pour qu'il y eût droit à indemnité, il faudrait que le projectile eût causé des dégâts matériels et, dans ce cas, l'indemnité ne devrait porter que sur les dégâts.

Mais s'il est reconnu que le terrain situé hors de la zone dangereuse est fréquemment exposé à des atteintes de projectiles, le cultivateur de ce terrain doit recevoir une indemnité proportionnée au trouble de jouissance qu'il aurait subi et aux dégâts matériels qui auraient été causés. De plus, le terrain est incorporé, en fait, à la zone dangereuse, et son accès est interdit à l'avenir pendant les tirs.

La commission d'évaluation est compétente pour statuer sur toutes les demandes d'indemnité, formées par les cultivateurs, qu'il s'agisse de terrains situés dans la zone dangereuse ou de terrains placés hors de cette zone; mais, à l'égard de ces derniers, elle prend toutes mesures d'investigations utiles à l'effet de vérifier l'exactitude des allégations des requérants touchant la fréquence des chutes de projectiles;

3° A l'égard des terrains interdits à la circulation, et, en conséquence, à l'exploitation, il y a lieu de tenir compte de l'époque des tirs et de la nature des cultures. Il est bien évident, en effet, qu'un terrain couvert de blé sur tuyaux ne comporte, pendant les derniers mois qui précèdent la moisson, aucuns travaux et ne peut être parcouru. Le trouble apporté à l'exploitation et à la jouissance est donc nul.

Les membres militaires des commissions d'évaluation trouveront, d'ailleurs, dans une notice du 1er octobre 1902 (vol. 58, p. 29), des indications très utiles pour leur permettre d'apprécier si les chiffres proposés par l'expert civil ne sont pas exagérés.

Il est également rappelé ici que, d'après la jurisprudence, comme d'après les principes généraux du droit, les propriétaires de terrains compris dans la zone dangereuse ne sauraient prétendre à une indemnité pour dépréciation du fonds provenant de la servitude temporaire supportée par ce fonds, du fait de son emplacement. Il s'agit, en effet, d'un préjudice variable d'une année à l'autre, suivant la fréquence des tirs et même suivant l'importance des effectifs de tireurs, en cas de dégâts matériels De plus, ce préjudice peut disparaître entièrement par suite de suppression du champ de tir; il n'est donc ni constant ni définitif.

En ce qui concerne les bois ou plantations de sapins non soumis au régime forestier qui se trouveraient exposés aux chutes de projectiles dans un champ de tir permanent ou temporaire, on devra toujours s'assurer que les diverses indemnités, successivement versées, n'ont pas eu pour effet de constituer au jour du terme d'évolution de la coupe un capital supérieur à la valeur normale de cette coupe.

A cet effet, on recherchera d'abord l'âge de la coupe au début des tirs, la durée normale d'évolution des coupes dans la région, le rendement moyen à l'hectare. Si n est le nombre d'années qui s'écouleront avant l'époque normale d'exploitation. r l'intérêt de 1 franc, la première indemnité a représentera un capital $a(1+r)^n$; la deuxième indemnité b représentera un capital $b(1+r)^{n-1}$; la troisième indemnité c, un capital $c(1+r)^{n-2}$. La somme $a(1+r)^n + b(1+r)^{n-1} + c(1+r)^{n-2}$ devra toujours être inférieure ou, au plus, égale à la valeur normale de la coupe. A partir du moment où il y aurait égalité, il n'y aurait plus d'indemnité à payer pour dégâts, puisque la coupe serait entièrement acquise et payée par versements anticipés.

Pour faciliter ces calculs, une table des valeurs du facteur $(1+r)^n$ a été annexée à la présente note; elle est calculée au taux de 3 p. 100, tout à l'avantage des propriétaires, parce qu'il fait une part faible au jeu des intérêts.

Si les indemnités annuelles ont été toutes égales, on reconnaîtra que les paiements de dégâts doivent cesser à partir du moment où la somme des facteurs $(1+r)^n$, $(1+r)^{n-1}$, $(1+r)^{n-2}$, $(1+r)^{n-3}$, etc., approche de la valeur du quotient obtenu en divisant le prix normal de la coupe par l'indemnité annuelle. A partir du moment où il y aura égalité à peu près réalisée (car la destruction ne sera jamais complète), les paiements devront cesser jusqu'à l'époque à laquelle la coupe serait arrivée au terme normal de son évolution;

4° Conformément aux dispositions de l'antépénultième alinéa du paragraphe 1 de la partie I, et du cinquième avant-dernier alinéa du paragraphe 2 de la partie I de l'instruction du 3 août 1901, l'autorité militaire ne doit pas manquer d'indiquer, avec précision et en temps utile, aux municipalités qui doivent la faire connaître aux populations, la date à partir de laquelle les demandes d'indemnités devront être produites, attendu que c'est de cette date que court le délai maximum de trois jours fixé par la loi du 17 avril 1901.

Les maires seront toujours avisés trois jours à l'avance au

moins de l'ouverture du délai de dépôt des réclamations à la mairie.

Afin de ne pas accroître démesurément et sans utilité les frais accessoires résultant de l'évaluation des indemnités pour privation de jouissance ou pour dégâts que comportent les exercices à feux exécutés sur les champs de tir permanents ou temporaires, il n'est fait, chaque année, qu'un seul règlement de compte pour le champ de tir, quand bien même il y aurait eu plusieurs périodes de tir espacées. Ce règlement est effectué aussitôt que possible après l'achèvement des tirs de l'année.

Tableau des valeurs du facteur $(1+r)^n$. $r=0$ fr. 03.

VALEUR de n	VALEUR de $(1+r)^n$	VALEUR de n	VALEUR de $(1+r)^n$.	VALEUR de n	VALEUR de $(1+r)^n$
ans	francs	ans.	francs	ans	francs
1	1 030 000	12	1 425.761	23	1 973.587
2	1 060 900	13	1 468.534	24	2 032.794
3	1 092.727	14	1 512 590	25	2 093.778
4	1 125.509	15	1 557.967	26	2 156.591
5	1 159.274	16	1 604.706	27	2 221.289
6	1 191.052	17	1 652 848	28	2 287.928
7	1 229 874	18	1 702.433	29	2 356 566
8	1 266.770	19	1 753.506	30	2 427.262
9	1 304.773	20	1 806.111	31	2 500.080
10	1 343.916	21	1 860 295	32	2 575.083
11	1 384.234	22	1 916 104	33	2 652.335

Circulaire relative à l'organisation des champs de tir de circonstance touchant à des forêts domaniales, communales et d'établissements publics, soumises au régime forestier.

(Direction du Contentieux et de la Justice militaire.)

Paris, le 7 janvier 1913.

Par suite d'une entente intervenue entre les Départements de la guerre et de l'agriculture, les représentants de ce dernier Département sont désormais autorisés à donner leur adhésion directe aux procès-verbaux de conférences d'organisation des champs de tir de circonstance, à la condition que les régimes de ces champs de tir contiennent les clauses suivantes :

1° Les dommages causés aux forêts domaniales seront réglés conformément à un accord intervenu le 29 décembre 1902 entre les Ministres de la guerre, de l'agriculture et des finances;

2° Les communes seront indemnisées par le Département de la guerre des dommages, pertes et dépréciations de toute nature résultant des tirs ou manœuvres;

3° La disposition de la loi du 17 avril 1901, stipulant que les demandes d'indemnités doivent être présentées dans un délai de trois jours après les tirs, ne sera pas appliquée aux terrains soumis au régime forestier.

Une commission, formée d'un agent des eaux et forêts, d'un représentant de l'autorité militaire pour les forêts domaniales, et, en outre, du maire de la commune, pour les bois communaux, déterminera le montant de l'indemnité avant le 31 décembre;

4° Le Département de la guerre prendra fait et cause pour l'administration des eaux et forêts, d'une part, et pour les communes, d'autre part, au cas où elles seraient recherchées par des tiers, à l'occasion de ces tirs ou manœuvres.

Il paiera à ces tiers les indemnités auxquelles ils auraient droit;

5° En aucun cas, ni les tireurs ni les objectifs ne pourront être placés sur le sol forestier.

Circulaire concernant les conditions techniques de sécurité et le service de sécurité des champs de tir.

Paris, le 2 septembre 1920.

CONDITIONS TECHNIQUES DE SÉCURITÉ.

Tout champ de tir (permanent, temporaire, ou de circonstance) est soumis à un régime de sécurité établi sur les bases suivantes :

Art. 1er. — Dans le sens des lignes du tir.

§ 1er. — *Canons de 75 de campagne et de 65 de montagne.*

a) Obus dont la portée sous l'angle de 30° est inférieure à 9.000 mètres :

Aucun tir d'artillerie de campagne ou de montagne ne doit être exécuté avec ces obus si l'on ne dispose pas d'un terrain libre d'au moins 4.000 mètres en avant de la batterie. En outre, la portée résultant de la hausse et de l'angle de site doit être au plus égale à la distance qui sépare la batterie de la limite du terrain libre diminuée de :

2.500 mètres pour les obus explosifs ou chargés, autres que les obus à balles;

1.000 mètres pour les obus lestés et obus à balles.

1.000 mètres pour les obus simples explosifs dans le cas où aucun ricochet n'est à craindre.

Il y a crainte de ricochet quand l'angle d'arrivée au sol est inférieur à 18°, quel que soit le genre de tir, percutant ou fusant.

Au delà des portées de 6.000 mètres, ces distances de sécurité doivent être majorées de 10 p. 100 de la portée (1). »

En outre, lorsque les obus seront armés de fusée comportant un système fusant, il sera prescrit de déboucher l'évent correspondant à la portée limite ainsi déterminée.

b) Obus dont la portée sous l'angle de 30° est supérieure ou égale à 9.000 mètres :

Dans ce cas, le minimum de 4.000 mètres sera porté à 6.000 mètres, les autres conditions restant les mêmes.

c) Dans l'un et l'autre des cas *a*) et *b*) ci-dessus, si l'on emploie des obus explosifs, la circulation sera interdite dans une zone de 500 mètres en arrière de la batterie.

§ 2. — Autres matériels.

d) Tirs dans lesquels l'angle de chute est inférieur à 18° :

Il ne sera jamais exécuté de tirs à obus explosifs sous un angle de chute inférieur à 18°.

Le tir des projectiles autres que les obus explosifs ne peut être effectué que dans des champs de tir dont la profondeur minimum est :

4.000 mètres si la portée sous l'angle de 30° est inférieure à 9.000 mètres;

6.500 mètres si la portée sous l'angle de 30° est comprise entre 9.000 et 13.000 mètres;

8.500 mètres si la portée sous l'angle de 30° est comprise entre 13.000 et 17.000 mètres;

10.000 mètres si la portée sous l'angle de 30° est supérieure à 17.000 mètres.

En outre, la portée résultant de la hausse et de l'angle de site doit satisfaire aux conditions fixées plus haut (*a*).

---

(1) Additif du 12 octobre 1921 (*B. O.*, p. 3403).

Les fusées comportant un système fusant seront débouchées, le cas échéant, ainsi qu'il a été également indiqué plus haut (a).

e) Tirs dans lesquels l'angle de chute est supérieur à 18° :

Quelle que soit la nature des projectiles employés, il n'est pas imposé de limites inférieures pour la profondeur du champ de tir.

Toutefois, l'angle de tir doit être tel que la portée soit au plus égale à la profondeur diminuée de 1.000 mètres.

En outre, dans le cas d'obus explosifs, la circulation est interdite dans une zone de 500 mètres en arrière de la batterie.

Art. 2. — Latéralement.

f) Tir des obus autres que les obus explosifs :

Doit être considéré comme dangereux tout le terrain compris entre deux lignes inclinées à 3/100es sur la ligne de tir et partant de deux points situés à hauteur, de part et d'autre, et à 500 mètres de la batterie.

g) Tir des obus explosifs :

Doit être considéré comme dangereux tout le terrain compris entre deux lignes inclinées à 3/100es sur la ligne de tir et partant de deux points situés à hauteur, de part et d'autre, et à une distance de la batterie égale à :

700 mètres si le calibre est inférieur à 120^{mm};

1.000 mètres si le calibre est compris entre 120^{mm} inclus et 155^{mm} inclus;

1.200 mètres si le calibre est supérieur à 155^{mm}.

En outre, le terrain dangereux est limité vers l'arrière par les lignes inclinées définies précédemment, prolongées vers l'arrière et limitées par une perpendiculaire à la ligne de tir; à 500 mètres en arrière de la batterie (fig.)

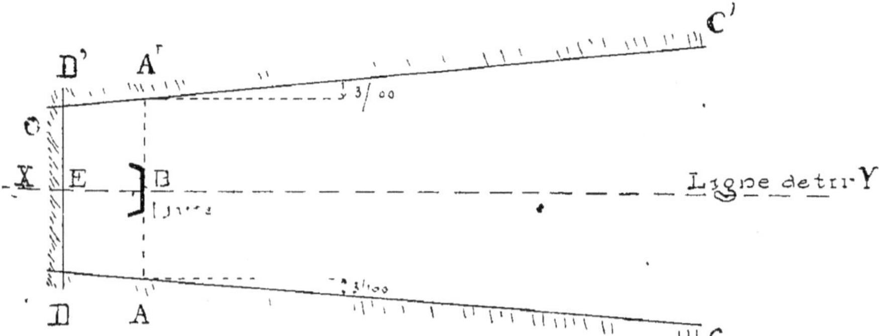

Art. 3. — Mesures de sécurité.

§ 1er. — *Mesures diverses* (1).

h) Des mesures seront prises pour que les limites interdites à la circulation soient rendues apparentes sur le terrain.

i) Les garanties données par les conditions ci-dessus, qui sont les *conditions normales*, doivent être augmentées dans les cas suivants et dans une mesure dont restent juges les autorités qui établissent les régimes ou qui approuvent les programmes d'exercices :

Dispositions ou nature du terrain favorables aux ricochets;

Existence de centres habités ou d'agglomérations de troupes aux limites mêmes du terrain dangereux.

Dans ce dernier cas, qui peut se présenter notamment dans les camps d'instruction, on réservera 2.000 mètres au moins de zone dangereuse dans le sens de la profondeur au delà de la plus grande distance de tir, si cette distance est supérieure à 4.000 mètres, et 3.000 mètres si cette distance est inférieure à 4.000 mètres; ces zones de sécurité seront respectivement portées à 2.500 et 3.500 mètres dans le cas du tir des obus explosifs.

j) Après que les voies pénétrant à l'intérieur du champ de tir ont été barrées par des vedettes, une patrouille de militaires à pied, à cheval ou à bicyclette les parcourt d'un bout à l'autre avant le commencement des tirs, de façon à s'assurer que personne ne s'est arrêté sur l'une de ces voies ou à l'intérieur des terres et ne reste, par suite, exposé aux atteintes des projectiles.

k) Les affiches destinées à annoncer les tirs d'artillerie mentionnent toujours les prescriptions à observer par les personnes qui touchent des projectiles non éclatés et rappellent qu'il peut y avoir danger de mort à toucher ces projectiles.

§ 2. — *Mesures contre les incendies de forêts* (1).

Dans les régions boisées, des dispositions spéciales seront prises après consultation du service des forêts et inscrites dans les régimes des champs de tir, eu égard aux considérations suivantes :

l) Les incendies provoqués par l'éclatement des obus, se développent un laps de temps variable avec la région et d'une du-

---

(1) Additif du 28 septembre 1922 (*B. O.*, p. 3003).

-rée ordinaire d'une heure ou deux. Il y a donc lieu de maintenir pendant le tir et après le tir pendant ce laps de temps, un personnel d'observation placé en un ou plusieurs points choisis, de manière à permettre de surveiller la zone des éclatements;

m) Des détachements munis de pelles et de pioches, placés auprès des observateurs ainsi prévus ou en relation avec eux par une ou plusieurs liaisons rapides et sûres, seront maintenus aussi longtemps que les observateurs eux-mêmes, prêts à intervenir au premier signal pour éteindre le feu naissant;

n) Toutes les fois que cela sera possible, en particulier pour les champs de tir permanents, on isolera les zones de points de chute par une bande périmétrale débroussaillée, de largeur variable suivant les circonstances, sans pouvoir être inférieure à 10 mètres.

Article 4 (1). — Champs de tir discontinus.

§ 1. *Définition*. — La portée de plus en plus considérable des bouches à feu rend parfois impossible, pour les tirs à grandes ·distances, l'organisation de champs de tir absolument continus. Par suite de leurs dimensions, en effet, ils ne pourraient être géographiquement trouvés dans nombre de régions, ou bien ils causeraient une gêne inadmissible aux populations riveraines, ou même ils occasionneraient une dépense hors de proportion avec le résultat à obtenir. On peut alors être amené à organiser des champs de tir discontinus.

On appelle champs de tir discontinus des champs de tir où l'autorité militaire occupe ou interdit une certaine zone de terrain autour de la batterie et une autre zone autour des objectifs, en laissant une zone intermédiaire libre de toute servitude de tir et, par suite, non interdite à la circulation.

La zone des batteries et la zone des objectifs peuvent d'ailleurs ·être placées, indépendamment l'une de l'autre, sous le régime des champs de tir permanents, temporaires ou de circonstance.

Dans l'organisation des champs de tir discontinus, on devra éviter la présence dans la zone intermédiaire d'agglomérations importantes ou de voies ferrées très fréquentées.

§ 2. *Conditions de sécurité*. — Les règles de sécurité qui précèdent sont applicables aux champs de tir discontinus, sous les réserves suivantes :

---

(1) Article ajouté. (Additif du 12 octobre 1921.)

a) La zone intermédiaire, libre de toute servitude de tir, doit être aussi réduite que les circonstances locales le permettent; dans aucun cas, elle ne doit dépasser les limites suivantes :

Du côté de la batterie : une perpendiculaire à la ligne de tir située à 2.000 mètres de la batterie (1);

Dans le cas de tir fusant haut, si le point d'impact correspondant au but fictif aérien choisi ne coïncide pas avec l'objectif, il devra satisfaire également aux conditions relatives aux objectifs (2).

La distance horizontale entre le but fictif aérien choisi et l'objectif, devra être inférieure à 300 mètres plus 5 p. 100 de la portée (2).

Du côté des objectifs : une perpendiculaire à la ligne de tir située à une distance des objectifs égale à 1.000 mètres augmentée de 10 p. 100 de la portée.

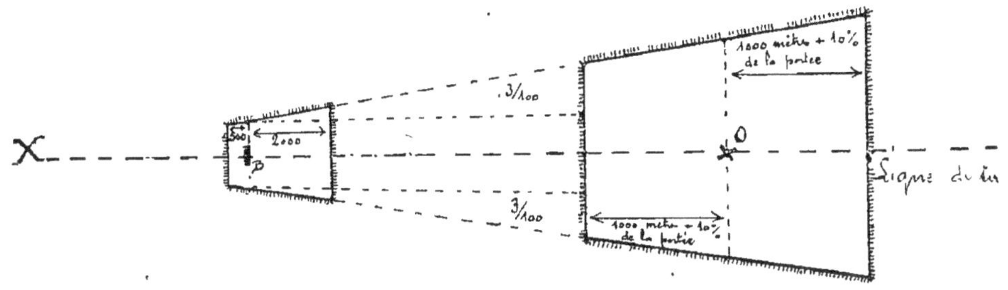

b) Il ne sera fait que des tirs où aucun ricochet n'est à craindre.

c) Les conditions imposées supposent que l'on connaît la distance topographique de l'objectif et que les corrections, tout au moins celles du poids de l'air, ont été effectuées correctement.

d) Les tirs ne pourront être effectués qu'avec des canons en bon état.

Les munitions employées devront, autant que possible, avoir été tarées.

Il ne sera exécuté de tirs fusants qu'avec des fusées de mo-

---

(1) Cette distance peut être réduite à 1.500 mètres dans le cas du tir d'obus de modèles réglementaires lestés, c'est-à-dire entièrement inertes. à l'exclusion des obus explosifs non amorcés et des obus d'essai de modèles nouveaux.

(2) Alinéas ajoutés. (Additif du 15 juin 1923, *B. O.*, p. 1684.)

dèles réglementaires et dont on connaît les évents de hauteur nulle dans les conditions du tir exécuté (1).

e) L'attention des exécutants sera, en outre, attirée sur la nécessité de vérifier rigoureusement tous les éléments initiaux soit du chargement, soit du pointage, soit de la préparation du tir.

En cas de tir fusant, les éléments de débouchage seront l'objet d'une attention particulière avant le tir (1).

* * *

Annexe à la circulaire du 2 septembre 1920 (voir page 179), concernant les conditions techniques de sécurité et le service de sécurité des champs de tir (2).

Paris, le 29 novembre 1920.

Iʳᵉ PARTIE. — *Canon de 37 millimètres.*

Tout champ de tir dans lequel sera tiré le canon de 37^{mm} modèle 1916 T. R. tirant sur objectifs fixes est soumis à un régime de sécurité établi sur les bases suivantes :

1° Dans le sens des lignes de tir.

Aucun tir ne sera exécuté si l'on ne dispose pas d'un terrain d'au moins 4.000 mètres en avant de la batterie.

En outre, la portée résultant de l'angle d'inclinaison doit être au plus égale à la distance qui sépare la batterie de la limite du terrain libre diminuée de :

2.000 pour l'obus explosif;

1.000 pour les autres obus.

2° Latéralement.

Doit être considéré comme dangereux le terrain compris entre deux lignes inclinées à 3/100es sur la ligne de tir, partant de deux points situés à hauteur, de part et d'autre, et à 350 mètres de la batterie.

En cas du tir de l'obus explosif, la distance de 350 mètres est portée à 500 mètres et le terrain dangereux est limité vers l'arrière par les lignes inclinées précédemment définies, prolongées vers l'arrière et limitées par une perpendiculaire à la ligne de tir, à 300 mètres en arrière de la batterie.

---

(1) Alinéas ajoutés. (Additif du 15 juin 1923.)
(2) Modifié par l'additif du 7 juin 1922 (*B. O.*, p. 1769).

II° **PARTIE.** — *Tir dans les mortiers de tranchée de 150 millimètres de la bombe d'exercice de 17 kilogrammes partiellement
lestée et chargée.*

Sera considéré comme dangereux le terrain compris entre
deux lignes inclinées à 4/100es partant de deux points situés à
hauteur et à 700 mètres de chaque côté de la batterie; cette zone
sera limitée par deux perpendiculaires à la ligne de tir, la première située à 400 mètres en arrière des pièces, la deuxième à
1.000 mètres au delà de l'objectif.

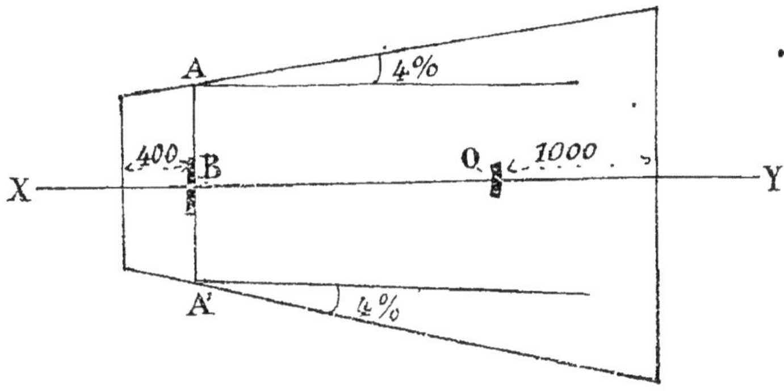

Ces dispositions remplacent, en ce qui concerne la bombe
d'exercice de 17 kilogrammes partiellement lestée et chargée du
mortier de tranchée de 150 millimètres, celles des articles 1er et 2
de la circulaire du 2 septembre 1920.

III° **PARTIE** (1). — *Tir dans les mortiers de tranchée de 240
millimètres des bombes d'exercice types Dh et T partiellement
lestées et chargées.*

Sera considéré comme dangereux le terrain compris entre deux lignes inclinées à 5/100es, partant de deux points situés à hauteur et à 700 mètres de chaque côté de la batterie.
Cette zone sera limitée par deux perpendiculaires à la ligne de
tir, la première située à 400 mètres en arrière des pièces, la
deuxième à 1.500 mètres au delà de l'objectif.

---

(1) Additif du 8 janvier 1923 (*B. O.*, p. 65).

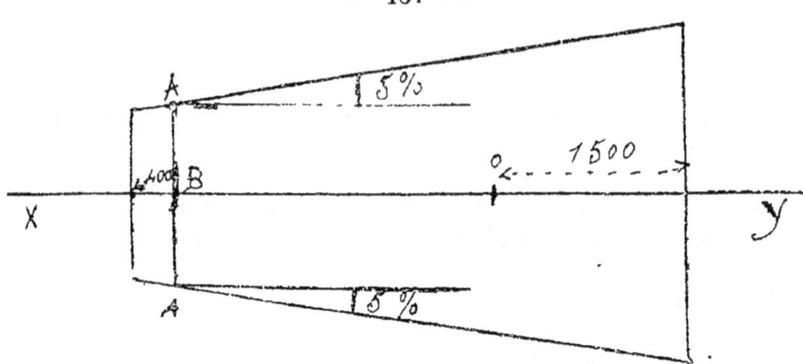

Ces dispositions remplacent, en ce qui concerne les bombes d'exercice types Dh et T partiellement lestées et chargées du mortier de tranchée de 240 millimètres, celles des articles 1er et 2e de la circulaire du 2 septembre 1920.

IVᵉ PARTIE.

Documents relatifs à la circulation des attelages, des automobiles, des chemins de fer sur routes, des tramways, cycles.

Décret portant règlement sur la police de la circulation et du roulage.

(31 décembre 1922.)

(Ce décret est inséré au *Bulletin officiel*, É. M., 1ᵉʳ trimestre de 1923, pages 19 à 45.)

Extrait du décret du 16 juillet 1907 ayant pour objet de modifier le décret du 6 août 1881, portant règlement d'administration publique pour l'exécution de l'article 38 de la loi du 11 juin 1880 sur les chemins de fer d'intérêt local et les tramways.

TITRE III.

Du matériel employé à l'exploitation.

Construction du matériel.

Art. 23. La traction est opérée conformément aux clauses de la concession.

Les machines, les tenders et les véhicules de toute espèce entrant dans la composition des trains sont construits suivant les meilleurs modèles avec des matériaux de première qualité, conformément aux types acceptés par le préfet sur la proposition du service du contrôle; ils doivent remplir les conditions nécessaires à la sécurité du public et des agents.

. . . .

Machines et tenders.

Art. 25. Le moyen de freinage des machines et tenders doit être assez puissant pour que, lancés avec une vitesse de vingt kilomètres (20 k.) à l'heure sur des rails secs et propres et sur une voie en palier, ces véhicules puissent être arrêtés sur un espace de vingt mètres (20 m.) au plus à partir du moment où le serrage est ordonné.

Une sablière ou tout autre dispositif agréé par le préfet, sur la proposition du service du contrôle, pour augmenter, en cas de besoin, l'adhérence des roues motrices sur les rails, doit être à la disposition du mécanicien et constamment entretenu en bon état de fonctionnement.

La machine ou le tender doit être muni d'un frein pouvant être manœuvré à la main

Les machines ne doivent dégager aucune odeur et ne doivent répandre sur la voie publique ni flammèches, ni escarbilles, ni cendres, ni fumée, ni eau, ni huile, ni graisse, le concessionnaire étant expressément responsable de tout incendie causé par l'emploi de machines, soit sur la voie publique, soit dans les propriétés riveraines.

Voitures à voyageurs.

Art. 27...

Les accès des voitures à traction mécanique doivent être pourvus de système de fermeture faciles à manœuvrer et de nature à protéger les voyageurs occupant les places debout contre le danger de chute.

Chaque voiture sans exception est munie de freins. Ces freins doivent être assez puissants pour que, en joignant leur action à celle des moyens de freinage de la machine, les trains lancés avec une vitesse de vingt kilomètres (20 k.) à l'heure sur des rails secs et propres et sur une voie en palier puissent être arrêtés sur un espace de vingt mètres (20 m.) au plus, à partir du moment où le serrage est ordonné.

Eclairage extérieur des voitures ou des trains.

Art. 36. Toute voiture isolée ou tout train porte extérieurement un feu blanc à l'avant et un feu rouge à l'arrière. Les fanaux sont à réflecteurs.

Les feux doivent être allumés dès la chute du jour jusqu'à la cessation du service et de la reprise du service jusqu'au lever du jour.

Ils doivent être également allumés pendant le jour, en cas de brouillard.

TITRE V.

Du départ, de la circulation et de l'arrivée des trains.

Du départ des trains.

Art. 38. Avant le départ du train, le mécanicien s'assure si toutes les parties de la machine sont en bon état, et particulièrement si les moyens de freinage dont il dispose fonctionnent convenablement. En ce qui concerne les voitures et leurs freins, la même vérification sera faite dans les conditions déterminées par le règlement homologué de la compagnie.

Le mécanicien ne doit mettre le train en marche que lorsque le conducteur chef du train lui a donné le signal du départ.

Service des trains en marche (1).

Art. 39. En marche, le cocher ou le mécanicien doit porter son attention sur l'état de la voie, sur l'approche des voitures ordinaires ou des troupeaux, et ralentir ou même arrêter en cas d'obstacles, suivant les circonstances; il doit se conformer aux signaux qui lui sont faits par les gardiens et ouvriers de la voie.

Il signale l'approche du train au moyen d'un appareil sonore, du type déterminé par le Ministre des travaux publics pour chaque catégorie de tramways.

Il doit ralentir ou même arrêter la marche toutes les fois que l'arrivée d'un train, effrayant les chevaux ou autres animaux, pourrait être la cause de désordres et occasionner des accidents, ou en cas d'encombrement.

Aucune personne autre que le mécanicien et son aide ne peut monter sur la plate-forme d'une machine à feu, à moins d'une permission spéciale et écrite du directeur de l'exploitation de la

---

(1) Sur les obligations des mécaniciens en cas de rencontre de troupes, voir circulaire du 7 février 1899, vol 100² du *Bulletin officiel.*

voie ferrée. Sont exceptés de cette interdiction les fonctionnaires chargés de la surveillance.

Marche des trains.

Art. 43. Le préfet détermine, sur la proposition du concessionnaire et l'avis du service du contrôle, le maximum de la vitesse des convois de voyageurs et de marchandises sur les différentes sections de la ligne, ainsi que le tableau du service des trains. Il détermine dans les mêmes conditions la vitesse maximum à la traversée des lieux habités.

Mesures concernant la protection de la voie et la liberté de la circulation.

Art. 57...

Tout piéton et tout conducteur de véhicules quelconques doit, à l'approche d'un train ou d'une voiture appartenant au service de la voie ferrée, prendre en main les guides ou le cordeau de son équipage, de façon à se rendre maître de ses chevaux, dégager immédiatement la voie et s'en écarter de manière à livrer toute la largeur nécessaire au passage du matériel de la voie ferrée.

. . . .

Mesures concernant les voyageurs.

Art. 58. Il est interdit aux voyageurs :

1° D'entrer dans les voitures ou d'en sortir pendant la marche et autrement que par les accès réservés à cet effet;

2° De passer d'une voiture dans une autre autrement que par les passages disposés à cet effet, de se pencher au dehors, d'occuper un emplacement non destiné aux voyageurs, de rester debout sur les impériales pendant la marche.

. . . .

Constatation et poursuite de contraventions.

Art. 79. Sont constatées, poursuivies et réprimées conformément aux dispositions de la loi du 15 juillet 1845, qui ont été rendues applicables aux tramways par l'article 37 de la loi du 11 juin 1880, les contraventions au présent règlement, aux déci-

sions ministérielles et aux arrêtés pris par les préfets pour l'exé
cution de ce règlement.

Abrogation des décrets antérieurs.

Art. 81. Les décrets des 6 août 1881, 30 janvier 1894, 3 août
1898, 25 juillet 1899, ainsi que l'article 1er (§ 1) et l'article 2 du
décret du 13 février 1900 sont abrogés.

Art. 82. Le Ministre des travaux publics, des postes et des télégraphes est chargé de l'exécution du présent décret, qui sera
inséré au *Bulletin des lois* et publié au *Journal officiel.*

Fait à Paris, le 16 juillet 1907.

A. FALLIÈRES.

Par le Président de la République :

Le Ministre des travaux publics,
des postes et des télégraphes,

Signé : Louis Barthou.

Ordonnance générale de la Préfecture de police concernant la
conduite et la circulation des bêtes de trait ou de charge, des
voitures et des appareils de locomotion de toute sorte dans
Paris et les communes du ressort de la Préfecture de police.

Paris, le 10 juillet 1900.

TITRE Ier.

Dispositions générales concernant la circulation sur la voie
publique des véhicules attelés et des bêtes de trait ou de charge.

Roues caoutchoutées. — Grelots et clochettes.

Art. 3. Toute voiture qui circulera avec des roues pourvues de
bandes caoutchoutées devra être munie d'un ou de plusieurs gre-
lots ou clochettes suffisamment sonores pour prévenir le public
de l'approche du véhicule.

Circulation à droite.

Art. 4. Le conducteur d'un véhicule quelconque et les conducteurs de bêtes de trait ou de charge devront, toutes les fois qu'il n'y aura pas d'obstacles, prendre la partie de la chaussée qui se trouvera à leur droite, alors même que le milieu de la chaussée serait libre.

Aussitôt que l'obstacle qui les aura forcés à dévier à gauche sera dépassé, ils devront reprendre leur droite.

Lorsque les exigences de la circulation les obligeront à raser les trottoirs, les conducteurs devront prendre une allure très modérée.

Quand un conducteur devra tourner dans une rue à gauche, il devra le faire en gardant toujours sa droite.

Conduite au pas.

Art. 5. Tout véhicule et toute bête de trait ou de charge, montée ou non, devront être conduits au pas :

Dans les marchés, dans les voies étroites où deux voitures ne peuvent marcher de front;

Au passage des fortifications, aux abords immédiats des écoles (à l'heure de l'entrée et de la sortie des classes), des théâtres, spectacles, bals, concerts et autres lieux de réunions ou de divertissements;

Pour la traversée des passages pavés donnant accès aux portes cochères et des contre-allées;

Ainsi que sur tous les points de la voie publique où il existera, soit une pente rapide, soit des obstacles à la circulation;

Au tournant et au croisement des voies publiques, et particulièrement lorsqu'ils s'engageront dans une voie à grande circulation, les conducteurs devront ralentir l'allure de telle sorte qu'ils puissent, à volonté, arrêter sur place.

Liberté de la circulation des voitures de tramways.

Art. 6. Les conducteurs de bêtes de trait, de charge ou de bestiaux et les conducteurs de voitures ou d'appareils de locomotion quelconques seront tenus, au premier avertissement, de se garer pour laisser la voie libre sur le passage des tramways.

Liberté de la circulation de matériel d'incendie.

Art. 7. Les conducteurs de bêtes de trait, de charge ou de bestiaux et les conducteurs de voitures quelconques, autres que les tramways, seront tenus, au premier avertissement consistant en coup de piston-corne, de se garer pour laisser la voie libre sur le passage des pompes à incendie et de leurs accessoires.

Au même avertissement, les tramways devront s'arrêter si la voie qu'ils suivent doit être traversée par le matériel d'incendie.

Convois funèbres. — Détachement de troupes. — Groupes d'écoliers.

Art. 8. Il est expressément défendu à tous cochers, charretiers et autres conducteurs de véhicules quelconques, de couper les convois funèbres et les détachements de troupes, ou de contrarier leur marche.

Il est également interdit de couper les files des jeunes écoliers lorsqu'ils traversent en rangs les voies publiques.

Arrêt de la circulation.

Art. 9. Les conducteurs de bêtes de trait ou de charge, les conducteurs de voitures ou d'appareils de locomotion de toute sorte devront obéir à toute injonction des agents chargés d'assurer la liberté et la sécurité de la circulation.

Ils devront, notamment, s'arrêter au premier signal desdits agents.

Stationnement. — Garde des voitures.

Art. 11. Dans aucun cas, le stationnement des voitures et des appareils de locomotion quelconques ne pourra avoir lieu aux croisements de rues, non plus qu'au droit des portes cochères devant les entrées des passages publics ou particuliers qui seront constamment maintenus libres.

Dans toutes les rues qui n'auront pas au moins 9 mètres entre trottoirs, il est défendu à tout conducteur de voiture de stationner vis-à-vis d'une voiture déjà arrêtée du côté opposé.

Dans les endroits et les circonstances où le stationnement est toléré, les charretiers ou cochers devront placer tout véhicule le long du trottoir, de manière à ne pas gêner la circulation.

Excès de vitesse.

Art. 13. Il est défendu, sur les voies publiques, de faire galoper les bêtes de trait, de charge ou de selle ou de lutter de vitesse.

Toutefois, les chevaux de selle pourront être montés au galop dans les allées dites cavalières.

Toute allure exagérée ou dangereuse, selon les circonstances, est formellement interdite.

Fouets.

Art. 20. Les fouets devront toujours être montés de telle sorte qu'ils ne puissent, en aucun cas, constituer un danger pour les animaux ou un inconvénient pour les piétons.

Les cochers ou conducteurs de voitures ou de chevaux s'abstiendront de faire claquer leurs fouets ou de les agiter, de manière à effrayer les animaux ou à atteindre les passants.

Toutes les fois que les conducteurs de voitures conduites en guides s'arrêteront ou ralentiront leur marche, ils devront élever leur fouet, dans le but d'avertir les cochers ou charretiers qui les suivront.

Chevaux entiers ou impropres au service.

Art. 26. Il est interdit d'atteler aux voitures de 1re classe ou aux voitures de grande remise des chevaux entiers ou atteints d'infirmités qui les rendraient impropres au service.

CHAPITRE II.

TRAMWAYS A TRACTION MÉCANIQUE.

Art. 144. Il est défendu à toute personne :

1º De se pencher en dehors des voitures et de stationner debout sur les impériales pendant la marche;

2º De fumer à l'intérieur des voitures et de cracher sur les parquets;

3º De se pencher aux voitures ou de se tenir sur les marchepieds d'accès;

4º De tenir des chiens en laisse de la plate-forme.

L'entrée des voitures est interdite :

1º A tout individu en état d'ivresse;

2º A tous individus vêtus d'une manière malpropre, ou porteurs de paquets qui par leur nature, leur volume ou leur odeur pourraient salir, gêner ou incommoder les voyageurs.

Aucun chien ne sera admis dans les voitures de tramways, à traction animée, servant au transport des voyageurs.

§ 5. — *Service des trains.*

Art. 189. La vitesse des automobiles ou des trains de tramways sera fixée par Nous. Elle ne devra, dans aucun cas, excéder 25 kilomètres à l'heure dans les parties sur route hors traverses, et 16 kilomètres dans les traverses.

Elle sera réduite à 8 kilomètres à l'heure :

1ᵃ A la descente des rampes dont la déclivité dépasse $0^m,04$ par mètre;

2° A la traversée des croisements et au passage des bifurcations des lignes de tramways;

3° Au passage des aiguilles prises en pointe;

4° A la traversée des stations, haltes ou points d'arrêt fixes franchis sans arrêt;

5° Aux débouchés des voies publiques très fréquentées, aux passages de points réputés dangereux, dans les courbes de rayons inférieurs à 20 mètres, ainsi que dans tous les points où des ralentissements seront prescrits par des arrêtés spéciaux, les Compagnies entendues.

La vitesse sera ramenée à 6 kilomètres à l'heure pour la traversée des portes de Paris, soit à l'entrée, soit à la sortie, après l'arrêt qui aura eu lieu précédemment pour permettre aux employés d'octroi de visiter les voitures.

La vitesse des trains de marchandises circulant sur les lignes de tramways, pendant la nuit, ne pourra excéder, dans Paris, vingt kilomètres à l'heure.

Traversée des croisements et bifurcations des lignes de tramways.

Art. 190. Avant de traverser un croisement ou de passer sur une bifurcation de lignes de tramways, tout automobile ou train devra effectuer un arrêt complet, et ne reprendre sa marche que lorsque le mécanicien se sera assuré qu'il ne risque pas de collision avec un train ou une voiture de la ligne à croiser ou à emprunter.

Lorsque les trains ou voitures de lignes différentes se présenteront simultanément pour franchir un croisement ou une bifurcation, l'ordre de passage sur le point commun de parcours se réglera comme il suit :

Les trains ou voitures en service auront le pas sur les trains
ou voitures effectuant des essais ou circulant en haut-le-pied;

Les trains ou voitures à traction mécanique auront le pas sur
les voitures à traction animée;

Les trains ou voitures circulant sur des lignes descendant en
pente de plus de 15 millimètres par mètre sur le croisement ou
la bifurcation auront le pas sur les trains ou voitures de toutes
les lignes aboutissant au point de parcours commun avec les
déclivités moindres. ,

Lorsque l'ordre de passage ne pourra être déterminé d'après
l'une des règles précédentes et, sauf exception que motiveront
des prescriptions spéciales arrêtées par Nous, les Compagnies
intéressées entendues, la priorité de passage appartiendra, savoir :

Sur les bifurcations de lignes exploitées par des Compagnies
différentes, aux voitures et trains de la ligne ou des lignes de la
Compagnie qui a la concession de la branche commune à la
suite de la bifurcation;

Dans les autres cas, aux trains ou voitures des branches aboutissant au croisement ou à la bifurcation, dans l'ordre décrois-
sant des fréquentations respectives de ces branches, la fréquen-
tation d'une branche se mesurant d'ailleurs par le nombre total
des courses journalières effectuées pour l'ensemble des services
qui empruntent cette branche.

Les Compagnies auront à régler, d'après les bases qui précèdent, les ordres de service qui devront nous être soumis.

Rencontre de troupes en marche.

Art. 191. Les trains qui rencontrent, en dehors de la ville de
Paris, une troupe en marche, perpendiculairement ou en écharpe,
seront tenus de ralentir leur vitesse, et, au besoin, de suspendre
leur marche pendant un temps variable dans chaque cas particulier, ce temps ne devant pas toutefois excéder cinq minutes.

Lorsque le train et la troupe suivront des directions parallèles,
le train devra marquer l'arrêt avant d'atteindre la tête ou la
queue de la colonne, suivant le sens de la marche, de manière
à permettre au chef de la colonne de prendre les dispositions
nécessaires pour éviter tout accident. L'arrêt ne devra pas excéder cinq minutes.

Le train, remis en marche, n'aura à ralentir pendant le passage de la troupe que si des circonstances exceptionnelles l'exigent.

Feux des trains et des voitures isolées.

Art. 192. Toute voiture isolée ou tout train portera extérieurement un feu blanc à l'avant et un feu rouge à l'arrière.

En outre de ces deux feux, les machines devront être pourvues d'appareils réflecteurs qui seront disposés de manière à éclairer la voie en avant dans un champ suffisamment étendu pour permettre au mécanicien d'arrêter à temps en cas d'obstacle.

Les feux devront être allumés dès la chute du jour, jusqu'à la cessation de l'exploitation et de la reprise de l'exploitation jusqu'au lever du jour.

Ils devront également être allumés en cas de brouillard ou d'obscurité accidentelle ne permettant pas de découvrir la voie en avant du train sur une longueur de plus de 50 mètres.

Des feux indicateurs de service ou de parcours pourront être disposés à l'extérieur des trains ou des voitures, indépendamment des feux ou appareils d'éclairage prescrits par le présent article; mais, en aucun cas, la couleur d'un feu visible à l'avant ne devra être rouge ou se rapprocher du rouge.

TITRE V.

Voitures de marchandises.

CHAPITRE Ier.

DISPOSITIONS GÉNÉRALES.

Plaque (1).

Art. 357. Les propriétaires de voitures de marchandises sont tenus de placer, en avant des roues et au côté gauche de leurs voitures, une plaque métallique portant, en caractères apparents et lisibles de 5 millimètres au moins de hauteur, leurs nom, prénoms, profession et adresse, ainsi qu'un numéro d'ordre lorsqu'ils auront plusieurs voitures affectées à l'exploitation de leur industrie.

Cette plaque, qui devra être entretenue en bon état, ne sera jamais masquée.

______

(1) Applicable aux voitures à bras

Jambe de force.

Art. 361. Les tombereaux, fardiers et autres voitures à deux roues, servant au transport de lourdes charges, seront munis, à l'avant, d'une jambe de force destinée à éviter les accidents résultant de la chute des chevaux.

Cette jambe de force pourra être mobile, mais elle devra être rendue fixe avant la mise en circulation du véhicule sur la voie publique.

Mode de conduite des voitures. — Chaîne d'enrayage.

Art. 363. Les rouliers, charretiers et autres conducteurs de voitures de marchandises se tiendront constamment à portée de leurs chevaux ou bêtes de trait, ayant en main les guides ou le cordeau, afin de pouvoir les conduire.

Il est défendu aux charretiers et conducteurs de monter sur leurs chevaux ou de s'asseoir sur les brancards de leurs voitures.

Les cochers livreurs pourront porter leurs marchandises chez les particuliers et dans les établissements auxquels elles sont destinées, mais à la condition que leur voiture soit pourvue d'une chaîne placée de telle sorte que l'une des roues, du moins, du véhicule soit enrayée.

Leur absence ne durera que le temps strictement nécessaire pour opérer la livraison.

Conduite en guides.

Art. 364. Il est défendu aux charretiers de se tenir debout dans leur voiture lorsqu'ils conduisent en guides.

Voitures circulant en convoi.

Art. 365. Lorsque plusieurs voitures de marchandises marchent en convoi, elles doivent se suivre de manière que chaque fraction de convoi se compose de trois voitures au plus

L'intervalle d'un convoi ou d'une fraction de convoi à l'autre ne peut être moindre de cinquante mètres.

TITRE VIII.

(Cycles, bicyclettes, tricycles, tandems, etc.)

Appareil d'avertissement. — Lanterne.

Art. 387. A Paris et dans les communes du ressort de la Préfecture de police, la circulation des cycles sur toutes les voies publiques est soumise aux règles ci-après énumérées.

. . . .

Dès la chute du jour, le cycle doit être pourvu, à l'avant, d'une lanterne allumée.

Circulation en général.

Art. 389. Les cyclistes doivent prendre une allure modérée dans la traversée des agglomérations, ainsi qu'aux croisements et au tournant des voies publiques.

Ils ne peuvent former de groupes dans les rues.

Il leur est défendu de couper les cortèges, les convois, les troupes en marche et les files des jeunes écoliers traversant en rangs les voies publiques.

En cas d'embarras, les cyclistes sont tenus de mettre pied à terre et de conduire leurs machines à la main.

Circulation a droite. — Espace réglementaire réservé aux cyclistes.

Art. 390. Les cyclistes doivent prendre leur droite lorsqu'ils croisent des voitures, des chevaux ou des cycles et prendre leur gauche lorsqu'ils veulent les dépasser; dans ce dernier cas, ils sont tenus d'avertir le conducteur ou le cavalier au moyen de leur appareil sonore et de modérer leur allure.

Les conducteurs de voitures et les cavaliers devront se ranger à leur droite à l'approche des cyclistes, de manière à leur laisser libre un espace utilisable d'au moins 1^m,50 de largeur. Ils devront prendre leur gauche pour les dépasser.

Les cyclistes sont tenus de s'arrêter lorsque, à leur approche, un cheval manifeste des signes de frayeur.

Cette interdiction ne s'étend pas aux machines conduites à la main.

Toutefois, en dehors des villes et agglomérations, la circulation des cycles sera tolérée sur les trottoirs et contre-allées affectés aux piétons, le long des routes et chemins pavés ou en mauvais état de viabilité, mais cette tolérance ne s'applique pas aux cycles à propulsion mécanique.

Sur tous les trottoirs et contre-allées affectés aux piétons, où la circulation des cycles est autorisée, les cyclistes sont tenus de prendre une allure modérée à la rencontre des piétons et au droit des habitations isolées.

Circulation sur les trottoirs.

Art. 391. La circulation des cycles est interdite sur les trottoirs et contre-allées affectés aux piétons.

Lutte de vitesse.

Art. 392. Il est interdit aux personnes faisant usage de cycles de lutter de vitesse entre elles sur la voie publique, sauf autorisation spéciale.

. . . .
. . . .

Le Préfet de police
LÉPINE.

Par le Préfet de police :
Le Secrétaire général.
E. LAURENT.

Loi établissant, en cas d'accident, la responsabilité des conducteurs de véhicules de tout ordre.

(17 juillet 1908.)

Le Sénat et la Chambre des députés ont adopté;

Le Président de là République promulgue la loi dont la teneur suit :

Article unique. Tout conducteur d'un véhicule quelconque qui, sachant que ce véhicule vient de causer ou d'occasionner un accident, ne se sera pas arrêté et aura ainsi tenté d'échapper à la responsabilité pénale ou civile qu'il peut avoir encourue, sera puni de six jours à deux mois de prison et d'une amende de 16 à 500 francs, sans préjudice des peines contre les crimes ou délits qui se seraient joints à celui-ci.

Dans le cas où il y aurait lieu, en outre, à l'application des articles 319 et 320 du Code pénal, les pénalités encourues aux termes de ces articles seraient portées au double.

Les dispositions de l'article 463 du Code pénal sont applicacables au délit prévu par la présente loi.

La présente loi délibérée et adoptée par le Sénat et par la Chambre des députés sera exécutée comme loi de l'Etat.

Fait à Paris, le 17 juillet 1908.

A. FALLIÈRES.

Par le Président de la République :

Le Garde des sceaux,
Ministre de la justice,

Aristide BRIAND.

Ordonnance de la Préfecture de police portant modification et complément de l'ordonnance générale de police du 10 juillet 1900 et de l'ordonnance de police du 10 février 1909, concernant la circulation.

Paris, le 28 juillet 1910.

Dispositions applicables à toutes les voitures.

Art. 1er Le conducteur d'un véhicule quelconque (y compris les voitures à bras, tri-porteurs, cycles, tandems) et les conducteurs de bêtes de trait ou de charge devront, toutes les fois qu'il n'y aura pas d'obstacle, prendre la partie de la chaussée qui se trouve à leur droite, alors même que le milieu de la chaussée serait libre.

Aussitôt que l'obstacle qui les aura forcés à dévier à gauche sera dépassé, ils devront reprendre leur droite.

Dans tous les cas, les conducteurs devront doubler à gauche toutes les voitures, excepté les tramways qui devront être doublés à droite, lorsque les voies de tramways occupent le centre de la chaussée.

Les conducteurs ralentiront leur marche et arrêteront au besoin leurs véhicules, à proximité des arrêts fixes et facultatifs des tramways, lorsque des voitures ou des trains s'y trouveront arrêtés pour prendre ou laisser des voyageurs.

Art. 2. Lorsque les exigences de la circulation les obligeront à raser les trottoirs, les conducteurs devront prendre une allure très modérée.

Quand un conducteur devra tourner dans une rue à gauche, il devra le faire en prenant le tournant le plus largement possible, et en gardant toujours sa droite.

Tout véhicule tournant l'angle d'une rue se tiendra aussi près que possible du trottoir de droite, en évitant toutefois de passer dans les ruisseaux ou les caniveaux.

Art. 3. Les voitures devront être conduites au pas :

Dans les marchés, dans les voies étroites où deux voitures ne peuvent marcher de front;

Au passage des fortifications;

Aux abords immédiats des écoles (à l'heure de l'entrée et de la sortie des classes), des théâtres, spectacles, bals, concerts et autres lieux de réunion ou de divertissements.

Art. 4. Dans les voies publiques désignées ci-après et divisées dans le sens de la longueur, par des contre-allées, des viaducs ou des tranchées, les véhicules devront toujours, à moins de circonstances exceptionnelles, emprunter le côté droit de la voie, de telle façon que la circulation soit établie dans un seul sens sur chaque côté.

(Suit une énumération.)

Art. 5. Quand un conducteur d'un véhicule quelconque traversera une voie dans sa largeur, pour s'arrêter du côté opposé, il ne devra pas le faire en coupant la rue obliquement. Il décrira une courbe pour faire demi-tour et venir se placer de telle façon qu'il ait le trottoir à sa droite, dans le sens de la circulation des voitures.

Cette disposition ne sera toutefois pas applicable dans les cas où le virage serait matériellement impossible, par suite de l'étroitesse de la voie ou de sa déclivité.

Aucune voiture ne doit s'arrêter en pleine voie, sauf le cas de barrage ou d'obstacle matériel.

Sauf dans les rues désignées par l'article 31 où la circulation s'effectue dans un sens unique, tout véhicule stationnant sur la voie publique doit se placer de façon à avoir le trottoir à sa droite et l'avant de sa voiture tourné dans le sens de la circulation.

Art. 6. Il est interdit à toute voiture de stationner à l'angle de deux rues, le conducteur devra arrêter de façon qu'une distance de un mètre au moins soit réservée entre l'avant de sa voiture et l'alignement des immeubles de la rue transversale.

Art. 7. Dans toutes les rues qui n'auront pas au moins 9 mètres entre trottoirs, il est défendu à tout conducteur de voiture de stationner vis-à-vis d'une voiture déjà arrêtée du côté opposé.

Art. 8. Lorsque deux voitures se présenteront simultanément pour franchir un croisement de rues, l'ordre de passage se réglera comme suit :

La priorité sera accordée à la voiture suivant une grande voie. Le conducteur de la voiture sortant de l'autre voie devra ralentir et ne reprendre sa marche qu'après s'être assuré qu'il ne risque pas de collision avec la voiture à croiser.

Dans les croisements de voies d'égale largeur, tout conducteur devra ralentir sensiblement et céder le pas au véhicule qui vient vers sa droite.

Art. 9. Tout conducteur d'un véhicule devant s'arrêter ou ralentir doit donner un signal à ceux qui suivent soit en levant le fouet, soit en étendant le bras.

Quand il tourne ou se met en marche, il doit indiquer, avec le fouet ou avec la main, la direction qu'il se propose de prendre, à moins que la voiture ne soit munie d'un signal avertisseur remplissant le même objet et agréé par l'Administration.

Art. 10. Il est expressément interdit aux voitures automobiles de virer dans une rue, à moins qu'il ne leur soit possible de le faire sans employer la marche arrière.

Art. 11. Les conducteurs de voitures automobiles ne doivent faire usage de la trompe que pour avertir les cochers, les chauffeurs, les cyclistes et les piétons.

Il leur est défendu d'en faire un usage abusif surtout la nuit.

Art. 22. Dispositions applicables aux cycles :

Les cycles, tandems, tri-porteurs doivent être munis d'un appareil sonore avertisseur fixé à la machine ou tenu à la main, dont le son puisse être entendu à 50 mètres et qui sera actionné toutes les fois qu'il sera nécessaire, et seulement dans ce cas.

L'emploi de la trompe automobile demeure toutefois formellement interdit.

Le Préfet de police,
Lépine.

Ordonnance de la Préfecture de police portant modification et complément de l'ordonnance générale de police du 10 juillet 1900 et de l'ordonnance de police du 28 juillet 1910 concernant la circulation.

Paris, le 24 juillet 1913.

Art. 2. — *Circulation à droite.*

(Art. 1ᵉʳ de l'ordonnance du 28 juillet 1910.)

Le conducteur d'un véhicule quelconque (y compris les voitures à bras, tri-porteurs, cycles, tandems) et les conducteurs de bêtes de trait ou de charge devront, toutes les fois qu'il n'y aura pas d'obstacle, prendre la partie de la chaussée qui se trouve à leur droite, alors même que le milieu de la chaussée serait libre.

Aussitôt que l'obstacle qui les aura forcés à dévier à gauche sera dépassé, ils devront reprendre leur droite.

Dans tous les cas, les conducteurs devront doubler à gauche toutes les voitures, excepté les tramways, qui devront être doublés à droite, lorsque les voies de tramways occupent le centre de la chaussée.

Les conducteurs ralentiront leur marche et arrêteront au besoin leurs véhicules, à proximité des arrêts fixes et facultatifs des tramways, lorsque des voitures ou des trains s'y trouveront arrêtés pour prendre ou laisser des voyageurs.

Art. 3. — *Tournants, virages.*

(Art. 2 de l'ordonnance du 28 juillet 1910.)

Lorsque les exigences de la circulation les obligeront à raser les trottoirs, les conducteurs devront prendre une allure très modérée.

Quand un conducteur devra tourner dans une rue à gauche, il devra le faire en prenant le tournant le plus largement possible et en gardant toujours sa droite.

Tout véhicule tournant l'angle d'une rue se tiendra aussi près que possible du trottoir de droite, en évitant toutefois de passer dans les ruisseaux ou caniveaux.

Art. 4. — *Conduite au pas.*

(Art 3 de l'ordonnance du 28 juillet 1910.)

Les voitures devront être conduites au pas :

Dans les marchés, dans les voies étroites où deux voitures ne peuvent marcher de front;

Au passage des fortifications;

Aux abords immédiats des écoles (à l'heure de l'entrée et de la sortie des classes), des théâtres, spectacles, bals-concerts et autres lieux de réunions ou de divertissements.

Art. 5. — *Circulation dans les voies à contre-allées.*

De 8 heures du matin à 8 heures du soir, dans les voies publiques qui sont divisées, dans le sens de la longueur, par des contre-allées, des viaducs ou des tranchées, et qui sont désignées par l'ordonnance de police du 28 juillet 1910 ou seront déterminées par des arrêtés spéciaux, les véhicules devront toujours, à moins de circonstances exceptionnelles, emprunter le côté droit de la voie, de telle façon que la circulation soit établie dans un seul sens sur chaque côté.

Art. 6. — *Circulation sur les voies de tramways.*

Les véhicules de toute nature peuvent librement circuler sur les voies ferrées des tramways, entre les refuges, toutes les fois que les tramways n'occupent pas lesdites voies. Ils ne pourront toutefois circuler dans les endroits où les compagnies auront été autorisées, dans l'intérêt de la sécurité publique et de l'exploitation, à réserver lesdites voies pour le seul passage des tramways. Les compagnies devront, dans ce dernier cas, apposer des écriteaux indicatifs de cette interdiction.

Art. 7. — *Traversée des voies publiques.*

(Art. 5 de l'ordonnance du 28 juillet 1910, les deux premiers alinéas)

Quand un conducteur d'un véhicule quelconque traversera une voie dans sa largeur, pour s'arrêter du côté opposé, il ne devra pas le faire en coupant la rue obliquement. Il décrira une courbe pour faire demi-tour et venir se placer de telle façon qu'il ait le trottoir à sa droite, dans le sens de la circulation des voitures.

Cette disposition ne sera toutefois pas applicable dans les cas où le virage serait matériellement impossible par suite de l'étroitesse de la voie ou de sa déclivité.

Art. 8. — *Droit de priorité.*

(Art. 8 de l'ordonnance du 28 juillet 1910.)

Lorsque deux voitures se présenteront simultanément pour franchir un croisement de rues, l'ordre de passage se réglera comme suit :

La priorité sera accordée à la voiture suivant une **grande voie**. Le conducteur de la voiture sortant de l'autre voie devra ralentir et ne reprendre sa marche qu'après s'être assuré qu'il ne risque pas de collision avec la voiture à croiser.

Dans les croisements de voies d'égale largeur, tout conducteur devra ralentir sensiblement et céder le pas au véhicule qui vient vers sa droite.

Art. 9 — *Signal d'arrêt ou de ralentissement.*

(Art. 9 de l'ordonnance du 28 juillet 1910.)

Tout conducteur d'un véhicule devant s'arrêter ou ralentir doit donner un signal à ceux qui suivent, soit en levant le fouet, soit en étendant le bras.

Quand il tourne ou se met en marche, il doit indiquer, avec le fouet ou avec la main, la direction qu'il se propose de prendre, à moins que la voiture ne soit munie d'un signal avertisseur remplissant le même objet et agréé par l'administration.

Art. 10. — *Arrêt en pleine voie.*

(Art 5 de l'ordonnance du 28 juillet 1910.)

Aucune voiture ne doit s'arrêter en pleine voie, sauf le cas de barrage ou d'obstacle matériel.

Art. 11. — *Marche arrière.*

(Art 10 de l'ordonnance du 28 juillet 1910.)

Il est expressément interdit aux voitures automobiles de virer dans une rue, à moins qu'il ne leur soit possible de le faire sans employer la marche arrière.

Art. 12. — *Stationnement dans le sens de la circulation.*

(Art. 5 de l'ordonnance du 28 juillet 1910, 4e alinéa.)

Aucun véhicule ne peut stationner sans nécessité et pendant une période de temps plus longue qu'il est strictement nécessaire.

Art. 13. — *Stationnement à l'angle des rues.*

(Art. 6 de l'ordonnance du 28 juillet 1910.)

Il est interdit à toute voiture de stationner à l'angle de deux rues. Le conducteur devra arrêter de façon qu'une distance de 1 mètre au moins soit réservée entre l'avant de sa voiture et l'alignement des immeubles de la rue transversale.

Art. 14. — *Stationnement dans les voies étroites.*

Dans toutes les rues qui n'auront pas au moins 10 mètres entre trottoirs, il est défendu à tout conducteur de voiture de stationner vis-à-vis d'une voiture déjà arrêtée du côté opposé.

Art. 15. — *Stationnement sur deux files.*

Il est interdit à toutes voitures de stationner sur deux files le long d'un même trottoir.

Art. 16. — *Stationnement aux arrêts des omnibus automobiles.*

Il est interdit aux véhicules de toute nature de stationner devant les points d'arrêt facultatifs ou obligatoires des omnibus automobiles.

Art. 17. — *Eclairage à l'arrière.*

A dater du 15 octobre 1913, tout véhicule circulant pendant la nuit devra être pourvu d'au moins une lanterne allumée, d'une puissance d'éclairage suffisante. Chaque lanterne sera pourvue, sur la face postérieure, d'une pastille lumineuse colorée en rouge et, accessoirement, sur le côté extérieur, d'un verre transparent.

Dans le cas où la lanterne est unique, elle sera placée du côté gauche. Les lanternes seront, en tous cas, placées de manière

que la lueur de la pastille **rouge** soit visible de l'arrière du véhicule.

Si la forme ou les dispositions du chargement s'y opposent,
tout véhicule devra être éclairé à l'arrière par une lanterne à feu
rouge.

Art. 26. — *Chargement et déchargement.*

A défaut de cours ou de passages de portes cochères, dans les
cas où les cours ou passages de portes cochères ne présentent pas
les facilités convenables, le chargement et le déchargement des
voitures pourront s'effectuer sur la voie publique, en y mettant la
célérité nécessaire. Les voitures en chargement ou en déchargement seront toujours placées parallèlement au trottoir, dans le
sens de la circulation, et rasant la bordure.

Les objets formant le chargement ne seront pas déposés sur
la voie publique, mais portés directement de la maison dans la
voiture, ou réciproquement.

Art. 27. — *Livraison des marchandises.*

(Art 363 de l'ordonnance du 10 juillet 1900, 3e et 4· alinéas.)

Les cochers livreurs pourront porter leurs marchandises chez
les particuliers et dans les établissements auxquels elles sont
destinées, mais à la condition que leur voiture soit pourvue d'une
chaîne placée de telle sorte que l'une des roues au moins du
véhicule soit enrayée.

Leur absence ne durera que le temps strictement nécessaire
pour opérer leur livraison.

Art. 30. — *Intervalle entre les voitures. Vitesse de marche.*
Arrêts.

Les conducteurs des omnibus automobiles doivent régler la
marche de leur voiture de façon à maintenir, en toutes circonstances, un intervalle de 30 mètres entre leur voiture et celle qui
la précède. Toutefois, cet intervalle pourra être réduit à 1 mètre
aux points d'arrêt fixes et dans les cas de barrage d'ordre sur
la voie publique.

Tout excès de vitesse est formellement interdit aux conducteurs des omnibus automobiles, soit pendant le service normal,
soit pendant les parcours haut-le-pied.

Les receveurs des omnibus automobiles ne doivent donner le
signal de mise en marche que lorsque les voyageurs qui descen-

dent ont quitté le marche-pied de la voiture ou lorsque ceux qui montent ont pris place dans la voiture.

Art. 31. — *Signal avertisseur.*

(Art. 22 de l'ordonnance du 28 juillet 1910, 1ᵉʳ et 2ᵉ alinéas)

Les conducteurs de voitures automobiles et de véhicules à mo- teur mécanique ne doivent faire usage de la trompe que pour avertir les cochers, les chauffeurs, les cyclistes ou les piétons.

Il leur est interdit d'en faire un usage abusif, surtout la nuit

Les sirènes et les appareils avertisseurs à gammes complètes et à plusieurs tons sont formellement interdits.

TABLE MÉTHODIQUE

Iʳᵉ PARTIE.

Contentieux administratif.

II° PARTIE.

Réparations civiles.

III° PARTIE.

Régimes des champs de tir.

IV° PARTIE.

Documents relatifs à la circulation.

TABLE CHRONOLOGIQUE

TABLE ALPHABÉTIQUE

A

C

D

E

F

P

R

S

T

CHARLES LAVAUZELLE ET Cᴵᵉ. — PARIS, LIMOGES, NANCY.

Imprimerie militaire
CHARLES-LAVAUZELLE & Cie
PARIS, LIMOGES, NANCY